圖解版 有趣到睡不著

看穿人心的心理學

目白大學名譽教授
澀谷昌三
SHOZO SHIBUYA
監修

晨星出版

前言

為什麼那個人會這麼做呢？

為什麼對方不能按照我的期望行動呢？

好想知道其他人的心裡到底在想什麼。

我想，腦中曾經浮現出上述念頭的人應該不在少數吧。其實，只要透過心理學，這些疑問通通能夠迎刃而解。

心理學是一門分析人的言行舉止與隱藏在內心深處的心理運作之學問。只要了解心理學，不但能夠從臉部和身體動作掌握對方的真正想法，甚至也能隨心所欲地操控對方。

換言之，只要掌握住竅門，你可以讓自己在意的人也開始關注你；洽商時，讓對方說YES更是有如探囊取物般輕鬆簡單。

只要懂得這些心理學技巧，不論是戀愛、工作還是人際關係，都能夠無往不利，手到擒來。

另外，透過心理學，也能了解真正的自己，進而提高自己在他人心中的評價。

長期處於有如壓力鍋的現代社會，你是否也曾為了不知如何排遣排山倒海而來的壓力和怒火而苦惱不已呢？其實，這些煩惱與壓力也能靠心理學解決。

本書利用大量插圖和圖解作為輔助，以淺顯易懂的方式為各位說明。從「何謂心理學」的基本概念，乃至可以運用在日常生活、職場交涉、戀愛等各種場合的心理學小撇步通通一網打盡。

人的內心世界是一道難解的謎題，也像霧裡看花，很難看得真切。但是，心理學可以解開這個謎團。

如果本書介紹的心理學，哪怕只能對各位的人生盡一點棉薄之力，我都會覺得非常欣慰。

2021年9月　澀谷昌三

有趣到睡不著

圖解版 看穿人心的心理學

目次

前言 2

PART 1

心理學究竟是什麼？

心理學就是了解內心運作機制的科學 10
心與腦維持著什麼樣的關係？ 12
透過心理學了解自己也了解別人 14
運用心理學同時改善人際關係和工作 16
源於哲學，再發展為科學 18
應用範圍擴及眾多領域的心理學 20
心理學可運用的範圍有哪些？ 22

PART 2

透過心理學認識真正的自己

- 把壓力化為正向力量 26
- 轉移憤怒的「stop法」 28
- 如何擺脫「我真沒用」的想法 30
- 不要輕忽「藉由購物抒發壓力」的問題 32
- 愈是不欣賞的人，愈要對他表示贊同 34
- 透過心理實驗面對未知的自己 36
- 利用1張紙和1枝筆了解自己的方法 38
- 人為什麼會利用網路毀謗、中傷別人 40
- 無需堅持非得帶著同一張面具過日子的人設 42
- 從對金錢的欲望解脫出來 44

PART 3

解決人際關係難題的溝通技術

- 不再堅持完美主義，輕鬆生活 48
- 保持適當的距離，是建立良好關係的不二法門 50

不隨對方的情緒起舞，保持平穩 52
絕對不會讓你吃閉門羹的交涉技巧 54
只要說出對方的名字就能增加親暱度 56
公開宣告以提升動機 58
不斷稱讚下屬，目的是使他的能力提升 60
讓你化身交涉高手的話術 62
賣關子會使人很在意後續的發展 64
什麼樣的人力組合可以防止偷懶？ 66
以主管的訓斥方式判斷其性格 68

PART 4 掌握意中人心緒的戀愛技巧

模仿對方的動作，喚醒他的戀愛細胞 72
先貶後褒的戀愛密技 74
戀情從委託萌芽的可能性 76
約會時間一定要在傍晚以後 78
認真體貼是男性受歡迎的必備條件 80
營造出兩人的相遇是命中注定的氛圍，俘虜她的心 82

從入座的位置判別親密度 84
包容對方的焦慮情緒可以提升他對你的信賴感 86
成功率較高的最佳告白時機 88
讓對方甘心花錢的小絕招 90
避免兩敗俱傷的分手方式 92
讓戀情長長久久的心理學定律 94

PART 5

以身體的動作和小習慣掌握內心想法和性格

「手部透漏的訊息和講出來的話一樣多」是真的嗎？ 98
「眉目傳情勝於口」這句俗諺的根據 100
值得注意的各種嘴部小動作 102
從頭部的動作可以解讀的事 104
從腳部的動作可以看透人的內心 106
不要錯過心神不寧時的小動作 108

PART 6

大幅提升自我評價的心理學技巧

● 主動示弱以營造好印象 112
● 外表的第一印象果然還是很重要 114
● 確認自己有無讓人不悅的口頭禪 116
● 最妥當的會議座位安排 118
● 什麼樣的說服招數會讓對方說Yes？ 120
● 也有不會引起對方反感的拒絕方法 122
● 每次提案要附帶一頓美食 124
● 盡情投入角色扮演，化身為理想中的自己 126

COLUMN

● 心理測驗①「心中之樹」 24
● 心理測驗②「主管正在看你嗎？」 46
● 心理測驗②的解說 70
● 心理測驗③「試著拿本雜誌走幾圈」 96
● 心理測驗③的解說 110

PART 1

心理學究竟是什麼？

心理學就是了解內心運作機制的科學

分析表露在行為和身體的變化，針對潛意識進行推測

心理學的英文是Psychology。語源來自希臘語的心（Psyche）加上邏輯（Logos）這兩個單字組合而成。據說發明心理學一詞的是德國哲學家魯道夫．郭克蘭紐。他在1590年把它當作論文的標題使用。

從字面上看來，所謂的心理學，就是**以合乎邏輯的方式研究人類心智運作的學科**。而這門以科學方式探求真相的學問，已經行之有年，至今已有幾百年的歷史。

我想，正在閱讀本書的你，應該也曾想過「不知該怎麼做，才能維持人際關係？」「不知道是否有辦法得知那個人的心裡到底在想什麼？」

所謂的心理學，**就是透過實驗、觀察、面談等各種方式針對人內心的運作進行檢證**，闡明難以顯露的意識（潛意識）。

人的內心用肉眼無法看見。但是，內心的跌宕起伏，會從一個人的行動和身體的變化表露無遺。換言之，**只要分析表情、眼神流轉、說出口的話等，就可以推測出一個人的心理狀態**。

在潛意識下表現出來的行動和肢體動作，反映的是一個人內心深處的狀態。如果知道這一點並充分加以運用，除了工作和人際關係之外，整個人生也能因此受益良多。

人的言行舉止取決於心理

一個人擁有什麼樣的言行舉止，與心理運作有關。解析其運作方式與兩者如何產生關連的學問就是心理學。

STEP 1

「想這麼做」

想做某件事時的心理。例如「想吃○○」「想要得到○○」等。

欲求

STEP 2

「就這麼做吧」

「想這麼做」的念頭化為動機時所產生的言行。例如基於「想吃」而產生「去餐廳」的想法。

行動

STEP 3

「實際付諸行動」

當欲求得到滿足或未能得到滿足時的心理。例如「覺得很滿足」等。

滿足（or不滿足）

了解別人言行舉止的根本原由

只要懂得心理學，就不再覺得別人的言行為何如此不可思議了，而且心想事成。

如果一直不知道別人的感受，不但無法擺脫凡事不順的泥淖，人際關係也不會好轉。

宛如能窺視別人腦中所想，事情也如願進行。

心與腦維持著什麼樣的關係？

大腦皮質、左腦、右腦控制著心智

17世紀的哲學家勒內．笛卡兒提出「心物二元論」，主張心智與腦部各自獨立。不過，**心智的形成取決於腦部的運作才得以成立**，已經是心理學上普遍的共識。

控制心智的是位於大腦的**大腦皮質**。大腦皮質的厚度約為2～5毫米，是形成大腦表面的一層膠狀組織。與思考、情感、情緒波動、意識、認知、語言、記憶／學習、睡眠／清醒、運動的控制有關。

大腦皮質共有3層重疊，由下往上分別是古皮質（爬蟲類腦）、舊皮質（舊哺乳類腦）、新皮質（新哺乳類腦）。古皮質與本能（食慾和性慾等）、舊皮質與情緒波動（快樂、不悅、發怒等）、新皮質與高等的心智功能（語言、藝術、創作等）有關。

另外，大腦皮質依功能分為4區（額葉、枕葉、顳葉、頂葉），另外還有腦幹和小腦等共同構成腦部。

隨著腦部研究的進展，**神經心理學**也逐漸發展。這是一門與腦科學（神經科學）共同建構的心理學，分析認知、思考、語言活動、記憶等執行機能。有關神經細胞和左腦／右腦的研究目前仍持續進行。換言之，**為了解開腦對人心的影響力之謎**，科學家們也不斷進行著相關研究。

腦部的構造與心智運作

人的各種心智功能取決於腦部的運作，由大腦、腦幹、小腦等器官各司其職。

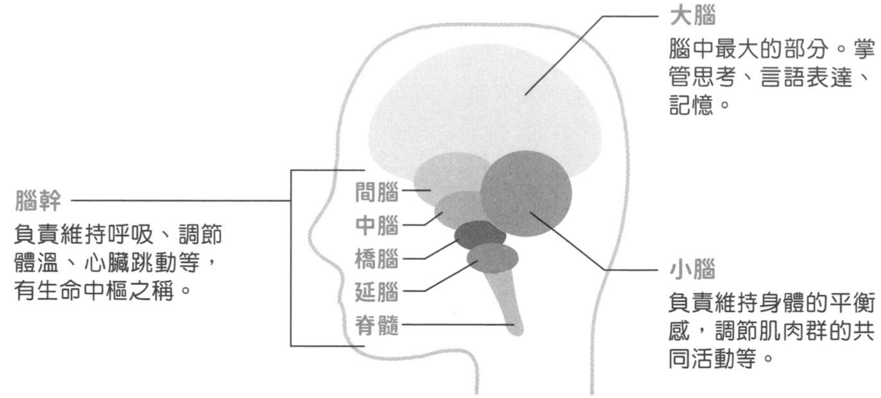
大腦
腦中最大的部分。掌管思考、言語表達、記憶。
腦幹
負責維持呼吸、調節體溫、心臟跳動等，有生命中樞之稱。
間腦
中腦
橋腦
延腦
脊髓
小腦
負責維持身體的平衡感，調節肌肉群的共同活動等。

腦的構造與情感

一般認為，下意識的情緒（Emotion）與大腦皮質及額葉有關，而體驗到的主觀感受（Feeling）由大腦邊緣系統（杏仁體、海馬體、下視丘）與腦幹、自律神經系統、內分泌系統、骨骼節等的末梢（腦外的組織）有關。

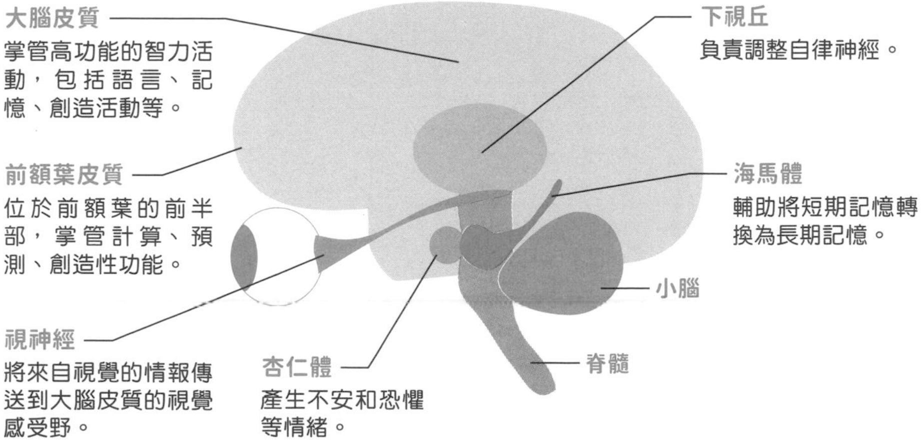
大腦皮質
掌管高功能的智力活動，包括語言、記憶、創造活動等。
下視丘
負責調整自律神經。
前額葉皮質
位於前額葉的前半部，掌管計算、預測、創造性功能。
海馬體
輔助將短期記憶轉換為長期記憶。
小腦
視神經
將來自視覺的情報傳送到大腦皮質的視覺感受野。
杏仁體
產生不安和恐懼等情緒。
脊髓

透過心理學了解自己也了解別人

掌握自己的內在意識和潛意識，人生將更豐富

想要活得隨心所欲是一件很困難的事。一般而言，人的內心除了「我就是這麼想」的意識，**也存在著無法產生自覺的潛意識**。

另外，在成長的過程中，大人所施予的教育、在社會中學習到的常識等造成的影響力，有時也會超越原本的自我，甚至失去原有的本質和價值觀。

透過心理學，除了知曉自己展現在外的一面，**也可能引出隱藏於潛意識的真實自我、價值觀、深層心理等**。心理學可以成為一種利器，讓你藉由發現真實的自我，進而從痛苦中解脫，享受人生的樂趣。

當然，心理學也可以運用在了解別人，有助於各位擁有更圓滿的人際關係、促進家庭的和樂幸福，以及建立強而有力的組織。

重點在於**非語言溝通（Nonverbal Communication）**。不單只有語言，表情、肢體動作、行為也會透露出一個人要表達的訊息，而且是在不自覺的情況下。

從喜悅、悲傷、厭惡、恐懼、驚訝等情緒所產生的表情，**屬於不受意識控制的不自主運動**。只要能夠順利解讀，就能了解別人內心的真實想法。

利用心理學了解眞正的自己吧

人會受到他人眼光和後天的學習等影響，因而把真正的自己隱藏在內心深處。但只要運用心理學，就能掌握自己的真實面貌。

他人的眼光
後天學習
我是我
透過心理學，不但能夠發現真正的自己，也能實現自我解放。

利用非語言溝通探求心聲

如果能夠解讀非語言溝通所代表的含義，就能知道對方內心真正的想法。美國的心理學家奈普把非語言溝通分為下列幾類。

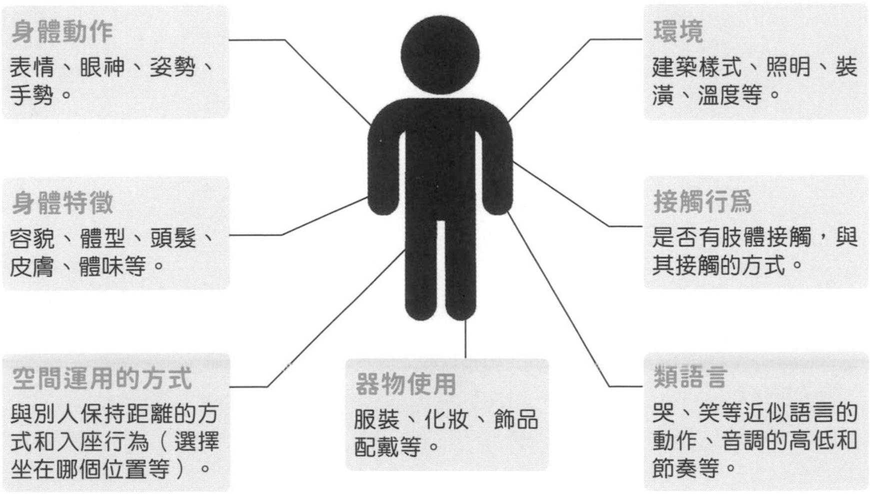
身體動作
表情、眼神、姿勢、手勢。
環境
建築樣式、照明、裝潢、溫度等。
身體特徵
容貌、體型、頭髮、皮膚、體味等。
接觸行爲
是否有肢體接觸，與其接觸的方式。
空間運用的方式
與別人保持距離的方式和入座行為（選擇坐在哪個位置等）。
器物使用
服裝、化妝、飾品配戴等。
類語言
哭、笑等近似語言的動作、音調的高低和節奏等。

運用心理學同時改善人際關係和工作

了解彼此的個性，提升執行效率

人不是機器，不可能每個人都抱持著同樣的想法，也不可能採取一模一樣的行動。即使是彼此有志一同的伙伴，想法和做法也各有不同。**把彼此的差異視為對方的「個性」，相互認同與理解，有助於建立更良好的人際關係。**

心理學把個性形成的部分原因歸於與生俱來的性格，**另一部分則是成長背景、過去的經歷等環境因素**。只要認知到世界上沒有兩名個性完全一樣的人，應該就能減少對其他人的不耐與懷疑了。

透過心理學，也可以得到讓學習和工作大有進展的技巧。**只要掌握心智的運作方式，思考力、創造力、記憶力等在課業或職場上不可或缺的能力，都能獲得更有效率的提升。**

19世紀的德國心理學家艾賓浩斯，提出了有關記憶力影響學習效果的檢證。自此以後，記憶力在心理學的領域中，也被當作重要主題持續研究至今。

只要了解個性的差異，不論自己或別人都能受惠。若能靈活運用從心理學習得的人心掌握技巧，不論是商務場合抑或是私領域都能大有斬獲。

活用心理學，讓人生更加如意

了解心理學，就能掌握如何與人溝通、讓下屬激發出幹勁、知曉何謂人氣商品的祕訣等，請各位務必充分利用。

家庭與成長背景為何？
有過什麼樣的經歷？
從小接受什麼樣的教育？
與手足之間的關係如何？

爲了提升溝通的品質

掌握對方的個性和性格，並將之運用在溝通上，有助人際關係的圓滿順利。

獎金!!
加薪!!
努力沒有獲得認同
薪水始終原地踏步

只要提升員工的士氣，他們的工作表現就會變得更好，創造雙贏的局面。

如果不知道員工內心的想法，就無法提高他們對工作的熱忱，工作效率和評價當然也得不到提升。

激勵員工的士氣，促使提升工作表現

掌握心理運作機制，有助於提高員工士氣，進而提升工作表現。

對方願意掏錢的價格是多少呢？
什麼樣的設計才能獲得業主青睞呢？
哪一種設計才能打動對方？
哪一種設計能吸引客戶目光？

讓商品變得更加暢銷

了解買家的心理，可以幫助你將心思用在對的地方，以更優質的商品和服務來提升銷售量。

源於哲學，再發展爲科學

從亞里斯多德到馮特，再由佛洛伊德、榮格承先啟後

古希臘的哲學家**亞里斯多德**曾說：「心就像一塊空白的寫字板」另外，到了17世紀，法國的哲學家**笛卡兒**也說：「人心具備感知各種事物的能力」。

以科學分析的「心理學」誕生於1879年。被尊為**實驗心理學**之父的**馮特**，在大學開設實驗心理學的課程，此舉被視為現代心理學的濫觴。

19世紀，心理學發展為一門以科學實證為基礎的學問。到了19世紀後半，馮特排除了哲學上的理論，提倡更重視觀察與實證的意識主義。

馮特把心視為各種要素的集合體，但後起的完形心理學卻推翻這一點。**韋特墨**等幾位德國的心理學家主張「心是一個完整體，無法分割成幾個要素」；由他們創立的**完形心理學**，至今仍是重要的心理學流派。

另外，馮特也企圖以「意識」的存在來闡明心理學，不過奧地利的精神科醫生**佛洛伊德**卻提出「人的心理結構包括潛意識」的理論。之後，瑞士的心理學家**榮格**也提出潛意識的觀點，認為潛意識有個人潛意識和集體潛意識之分。

心理學流派的發展順序

●19世紀末　馮特的心理學

把心視為各種要素的集合體，透過觀察內在心理活動的內省法，進行意識的觀察和分析。因為他把一切視為由各種要素的集合所構成，因此又稱為結構主義。

人心有各種要素發揮作用，將之統合起來，對心的認識才得以成立。只要闡明這套統合的法則，就能夠掌握心的動向。

馮特
（1832～1920）

●20世紀初期　完形心理學

否定馮特的結構主義，將心視為一個整體，無法分割。也將人視為一個整體（Gestalt），而非各個部分的相加，並針對這樣的認知進行研究。

人心是一個整體，無法還原成幾個要素。即使將整體進行部分還原也毫無意義。

韋特墨
（1880～1943）

●20世紀前半　佛洛伊德的精神分析

主張人心由本我、自我、超我所組成，而本我由自我掌管。本我是人類潛意識的精神能量，象徵著人的原始欲望，尤其以性慾所占的比例為高。

如果說本我好比是一匹失控暴衝的馬，那麼自我就相當於負責控制這匹馬的轡繩。自我是知覺和情感等部分的主體，也可稱為自我意識。

佛洛伊德
（1856～1939）

●20世紀後半　榮格的心理學

和佛洛伊德同樣著眼於潛意識。相較於佛洛伊德認為潛意識承載了受到壓抑的記憶和衝動，榮格則認為潛意識帶有普遍的集體性質，而且和古老的神話有關。

潛意識分為個人潛意識和普遍的潛意識（集體潛意識）。所謂的普遍潛意識，蘊藏的是全人類共通的智慧和歷史。

榮格
（1875～1961）

應用範圍擴及眾多領域的心理學

能夠與所有的課題結合，是守護人類與社會的重要學問

心理學的歷史超過2000年，從古至今，進行相關研究的哲學家、心理學家、精神科醫生等不知凡幾。到了現代，心理學也和醫學、教育、經濟、產業等眾多領域攜手合作，在社會上已成為不可或缺的存在。

心理學可大致分為**基礎心理學和應用心理學**。基礎心理學的研究對象是足以作為心理學骨幹的現象，以人類為集團一份子的觀點進行實證。

近年來，研究洗腦和心靈操控的**社會心理學**、研究人從出生到死亡之心理變化的**發展心理學**、研究記憶發生並將之活用的**認知心理學**等都不斷受到關注。

簡單來說，應用心理學就是把以基礎心理學為架構的理論活用在其他領域的心理學。包括有助改善憂鬱症、恐慌症、成癮症等心理疾病的**臨床心理學**、研究犯罪心理的**犯罪心理學**、研究災害發生時對人心的影響，對受災者進行心理復健的**災害心理學**等。

另外也延伸至激發員工士氣以達到業績提升、檢證購買行為以影響商品銷路的領域，除此之外，冀望能促進產業和經濟發展的心理學研究也相當活絡。

心理學可大致分爲兩類

心理學可分為基礎心理學和應用心理學兩大類。心理學融合了文科、數理科的多門學問，創造出新的研究領域。

基礎心理學

研究足以作為心理學骨幹的現象，把眾人當作研究焦點，研究方法以實驗為主。

社會心理學

將人的行為視作受到他人的刺激和反應的結果並加以研究。

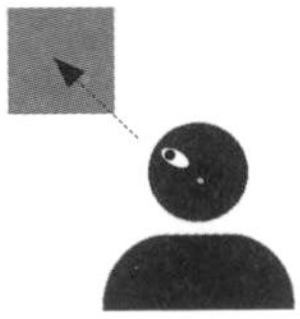

發展心理學

研究人的心智和身體發展過程的機制。

認知心理學

闡明人感知事物的方法與其機制。

知覺心理學、學習心理學、人格心理學、異常心理學、語言心理學、計量心理學、數理心理學、生態心理學等。

應用心理學

以透過基礎心理學得到的定律，應用在各種領域的心理學，把個人當作研究焦點。

臨床心理學

為了改善心靈受創的症狀而致力於治療。

犯罪心理學

釐清重大犯罪與社會的病理。

教育心理學

探究何種教學方式可提升教學品質。

產業心理學、學校心理學、法庭心理學、溝通心理學、家庭心理學、災害心理學、環境心理學、交通心理學、運動心理學、健康心理學、性心理學、藝術心理學等。

心理學可運用的範圍有哪些？

由心理學專業人員主導並提供援助的心理疾病和災後心理復健

適合導入心理學的領域很多，對隨時籠罩在天災人禍的發生、社會的變化、價值觀的多元化以及流行傳染病等不安的現代人而言，心理學可說發揮了相當重要的功能。

可望改善憂鬱症、適應障礙症、繭居、恐慌症等心理疾病的是臨床心理學。具體做法是由取得證照的心理諮商師接受患者諮商，進行面談、觀察、分析等。

以日本而言，必須通過國考才能取得執照的公認心理師、臨床心理師無法開立藥物的處方籤，取而代之的方案是提供心理療法（精神藥物的處分籤由精神科醫生開立）。

另外，重大災害發生之後，也仰賴**災害心理學**提供的心理復健。當生命財產蒙受重大損失時所造成的恐慌與驚嚇，即使時間過去，依然會留下巨大的創傷。

這樣的創傷會以長期失眠和作惡夢、記憶力減退、對自己能僥倖逃過一劫有罪惡感等型態在身體上反應出來，通稱為**創傷後壓力症候群（PTSD）**。這是可望透過心理學發揮救濟功能的領域之一。

如同上述，發揮心理學所長的職業很多，除了必須通過國家考試才能取得證照的公認心理師，還有臨床心理師、諮商心理師、學校諮商師、職場健康心理師、精神保健福祉士、音樂治療師、家庭諮商師等。

活躍於各種現場的心理學

正因為是以科學分析人類的心智運作，因此只要是與人相關的領域，都有心理學大展身手的空間。

治療心理疾病的臨床心理學

運用臨床心理學的沙遊治療（Sandplay therapy）等治療方法，可以解決患者內心的煩惱。

幫助更生人重返社會的犯罪心理學

犯罪心理學可幫助曾接受司法處分的更生人尋求如何順利回歸社會。

讓社會變得更加多采多姿的社會心理學

分析個人和集體行為、流行現象，發揮改善人際關係和職場環境並提供合適資訊的功能。

避免人生出現危機的發展心理學

透過發展心理學，能夠掌握人生的各個年齡階段所發生的心理社會危機，學習該如何迴避。

有助於人工智慧開發的認知心理學

把人對事物的認知視為資訊處理系統的認知心理學，有助於人工智能的發展。

負責災後心理復健的災害心理學

運用災害心理學，可以減輕人們因遭遇災害而產生的焦慮不安。

COLUMN

心理測驗① 「心中之樹」

請輕輕閉上眼，想像著「在廣闊的草原中央，挺立著一棵大樹」。接著在右邊的空格裡畫出這棵樹。

你畫出來的樹是哪一種呢？

從你畫的樹可以知道內心的老化程度！

畫的是松樹和山茶樹等常綠樹之人

老化度7%。若畫出一整年綠葉茂密生長的常綠樹，具備十分旺盛的活力與生命力。

畫的是櫸樹和大花四照花等落葉樹之人

老化度30%。落葉樹的特徵是葉片到了秋天會枯萎。你不妨捫心自問，自己是不是有人云亦云的傾向，採取行動時也容易受到別人的影響呢？

畫的是帶有枯葉的樹之人

老化度75%。葉子即使掉光了，還會再長出新芽。所以，即使目前遭遇阻礙，終有撥雲見日的一天。

畫的是枯立的樹之人

老化度99%。枯萎仍保持直立的樹，象徵著低人一等與無力感。請不要放棄，努力往前進吧！

PART 2

透過心理學認識真正的自己

把壓力化爲正向力量

事情的好壞因看法而異，學習從容不迫地應對

壓力的形象常以負面居多，不過追根究柢起來，它原本是一種內心對刺激做出的反應，所以感動和力圖振作的想法，其實也被視為一種壓力。但是當人承受的壓力過大，或者是長期處於有壓力的狀態，對身心會造成負擔。

美國的心理學家**拉撒路**提出了**面對同樣的情況時，只要改變接受的方式，就能減壓的因應理論**。他的研究團隊把受試者分成幾組，讓他們觀看同一段內容令人震驚的影片。不過，在觀看這段影片之前，分別讓各組先觀看「讓人感到痛苦的影片」「看了會感到喜悅的影片」、和「進行文化觀察有關的影片」。

結果發現，未事先觀看任何其他影片，以及事先觀看「痛苦影片」的小組，**他們感受到的壓力都明顯超出事先觀看「喜悅影片」與「文化觀察影片」的小組**。

另外，面對壓力時的自處之道也包括保持積極的態度，從正面迎擊令人討厭的事物、努力和壓力保持適當距離、努力改變環境、面對突發狀況保持冷靜，進行分析等。

除此之外，養成泡澡和輕運動的習慣，讓身體舒展放鬆，對緩和精神上的壓力也很有幫助。

壓力會造成自律神經失調

壓力是自律神經失調的原因。過大的壓力會使交感神經變得過度亢奮，相對地，副交感神經用以平復身心的功能減退，導致身體狀況連連。

肉體上的壓力

包括運動不足、睡眠不足、不規律的生活、工作過度忙碌、因花粉等物質引起過敏、噪音、溽暑、酷寒、疾病、受傷等。

精神上的壓力

來自工作或應試的心理負擔、對未來的不安、人際關係、育兒和教育、霸凌、業績額度、家計、業績不佳、降職等。

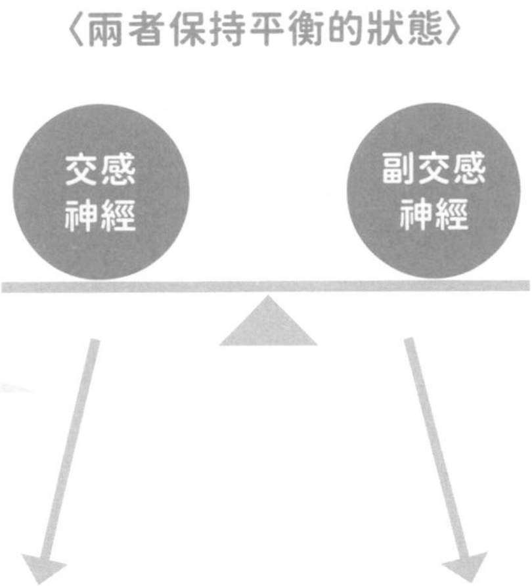
〈兩者保持平衡的狀態〉
交感神經
副交感神經

〈副交感神經占上風〉
交感神經
副交感神經
〈交感神經占上風〉
交感神經
副交感神經

血管變得鬆弛，血壓下降。心跳次數減少，身心都處於放鬆狀態。

血管收縮，血壓跟著上升。心跳次數增加，身體都處於激動狀態。

轉移憤怒的「stop法」

利用6秒鐘的思考和停止行動，等待憤怒的情緒消退

無法控制怒火的人愈來愈多了。怒氣一股腦爆發，會埋下危機的種子。或許日後等待你的是人際關係破裂、遭到下屬投訴職權騷擾等惡果。

強烈到足以用「理智線斷掉」形容的怒火，**據說憤怒的高峰期為6秒鐘**。雖然僅有短短6秒，但是情緒都集中在這6秒，所以難以控制。

為了控制憤怒的脾氣，最有效的方法是當自己冷靜時，預先分析自己遇到什麼樣的場合最容易發脾氣。人生氣的時候，常常忍不住找藉口，像是「對方有錯在先」「一定要讓他知道我不好惹」等，好替自己的行為正當化，但是等到恢復冷靜，自己應該也心知肚明，很清楚勃然大怒根本無法解決問題。

另一個原則是儘量遠離會讓自己生氣的原因。舉例而言，當你覺得怒火中燒，請讓腦子放空，什麼都不要做。為了達到這一點，建議**各位不妨在心裡默念「stop」**。藉由這個「stop法」，能夠讓這6秒的高峰期造成的影響降到最低。

另外，情況允許的話，建議你先離開現場，在心裡默數6秒。在這短短的6秒中，想著自己最珍惜的人事物和快樂的事。總而言之，對應的方法不只一種，最重要的還是找出適合自己的方式。

憤怒的高峰期是6秒

當理想與現實出現落差，人難免會感到憤怒。遇到這種時候，想辦法控制自己的情緒，避免當場爆發為要，請各位務必掌握平息怒氣的方法。

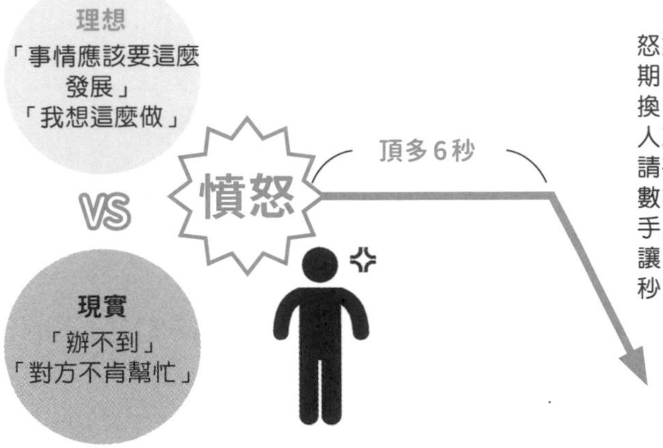
理想
「事情應該要這麼發展」
「我想這麼做」
VS
現實
「辦不到」
「對方不肯幫忙」
憤怒
頂多6秒

怒氣不會一直持續，高峰期再長，頂多只有6秒。換言之，只要經過6秒，人就能做出冷靜的判斷。請在怒火即將爆發時開始數數；數數時可以藉由雙手用力握拳等姿勢輔助，讓自己更容易度過這6秒。

用stop法轉移怒氣

利用stop法（又名思考停止法），可以輕鬆緩和憤怒等負面情緒。感覺自己快要發脾氣的時候，不妨參考下列的建議，以平復情緒。

拍桌子

彈橡皮筋

大聲說「停止！」

捏大腿

寫日記

主動和身邊的人交談

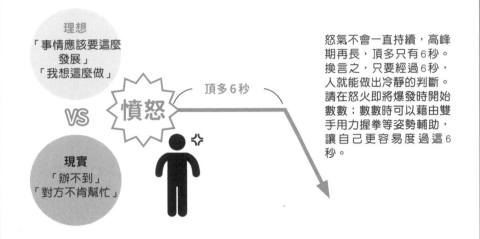

如何擺脫「我真沒用」的想法

只要提升自我效能，就能轉而正向思考

只要是人，一定都有覺得「我辦得到」或「我真沒用」的時候。雖然這兩種情緒的性質截然不同，但對人而言都是必要的感受。而一個人在別人眼中，究竟是「有自信的人」還是「個性消極的人」，也取決於兩者的比例。

如果想擺脫「我真沒用」的想法，提高**「自我效能」(Self-efficacy)**會有所幫助。

所謂的自我效能，最早是由加拿大的心理學家**班度拉**所提出，簡單來說就是「一種預期自己做得到的感覺」。為了提升自我效能，他提出了以下4個重點。

其中最重要的一點是**「達成體驗」**和**「成功體驗」**。請各位回想自己曾經達成哪些目標。

其次是看到別人完成目標，在心裡想著自己應該也辦得到的**「代理體驗」**。接著是**「透過言語的說服」**，具體而言，就是藉由「如果是你一定辦得到」這句話，達到鼓勵的作用。

再接著是**「生理上的情緒高昂」**，也就是透過克服自己不擅長處理的場面，達到自我振奮的效果。有些情況也適用於一開始的「達成體驗」。總而言之，建議各位不要一開始就訂立遠大的目標，而是**選擇自己能力所及的項目，一件一件完成以累積達成感**。如此一來就能提升自我效能，有助於讓自己轉為正向思考。

何謂自我效能……

自我效能（Self-efficacy），就是「覺得我辦得到」的自我能力信任程度。人的行動也因自我效能的程度而出現差異。

人
效能期待
「我一定能夠順利進行」
行動
結果期待
「付諸行動後得到這樣的結果！」
結果

意指在付諸行動之前的準備階段，湧出「我應該辦得到」的自我期許。「自我效能」＝效能期待。

指的是付諸行動後，能從結果得到益處的期待。例如戒菸成功就能節省開銷，存款也跟著增加等。

提高自我效能的4個重點

根據班度拉的分析，自我效能的形成取決於以下4點。這些都是建立自信的要素；為了提高自我肯定感，效果最明顯的是達成體驗。

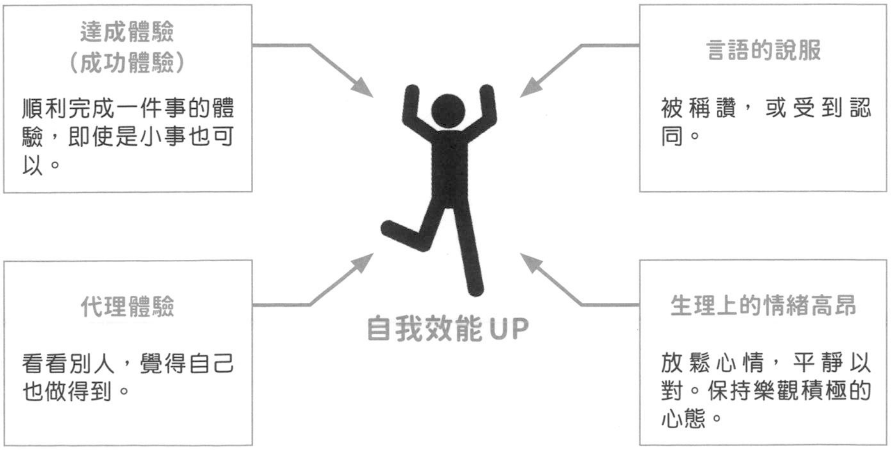
達成體驗
（成功體驗）
順利完成一件事的體驗，即使是小事也可以。
言語的說服
被稱讚，或受到認同。
代理體驗
看看別人，覺得自己也做得到。
生理上的情緒高昂
放鬆心情，平靜以對。保持樂觀積極的心態。
自我效能UP

不要輕忽「藉由購物抒發壓力」的問題

買得愈多，物質欲變得愈強 墜入難以翻身的成癮無底洞

正如日本有句俗諺說「錢在天下輪流轉」，如果把「不要花錢」的原則擺第一，因此放棄了所有自己想做的事，時間久了，難免會有問題發生。相反地，「純粹為了花錢而花錢」的行為也會產生問題。

相信有些人聽過**購物成癮症**。這是一種藉由購物來抒發壓力，或者得到滿足感的症狀。簡單來說，購物本身成為行動的目的。雖然患者在購物的瞬間覺得心滿意足，但沒多久購物癮又會再犯。

如此一來，患者就會陷入必須不斷購物，否則就會心神不寧的惡性循環，而且經濟也會出問題。

判斷是否陷入購物成癮的基準很簡單，就是收支是否平衡。如果不惜負債也要繼續購物，表示已經陷入成癮的狀態。

成癮症不是一種與生俱來的性格，而**是內心向外界發出的求救信號**。患者必須得到周圍的支持和專業機構的協助，以改善自己的精神狀態。雖然也可以利用其他方法，例如剪掉信用卡以免自己隨便刷卡買東西、養成記帳的習慣等，但只要「對購物上癮的心態」沒有改變，還是很難從根本獲得解決。

建議將心思轉移到購物以外的事，例如重新經營人際關係、培養興趣嗜好、尋找讓自己熱衷的新鮮事物等。

購物成癮症的形成過程

購物確實具備抒發壓力和轉換心情的效果。但如果一個人出現不是因為需求才買，純粹是為了買而買的行為，表示已經陷入購物成癮症了。

與其說是因為有需要才買，實際上是為了消除壓力和焦慮不安的成分居多。

雖然可從購物獲得暫時的滿足，卻無法真正消除不安與壓力。

不斷為了獲得滿足而購物，直到入不敷出。

一旦到了不惜債台高築，也要繼續購物的程度，就是標準的購物成癮症了。

購物成癮症會引起其他疾病

購物成癮症的可怕之處在於即使支付金額已超過患者的負擔能力，他還是無法停止。因此，患者不但會面臨破產的風險，也可能併發各種疾病。

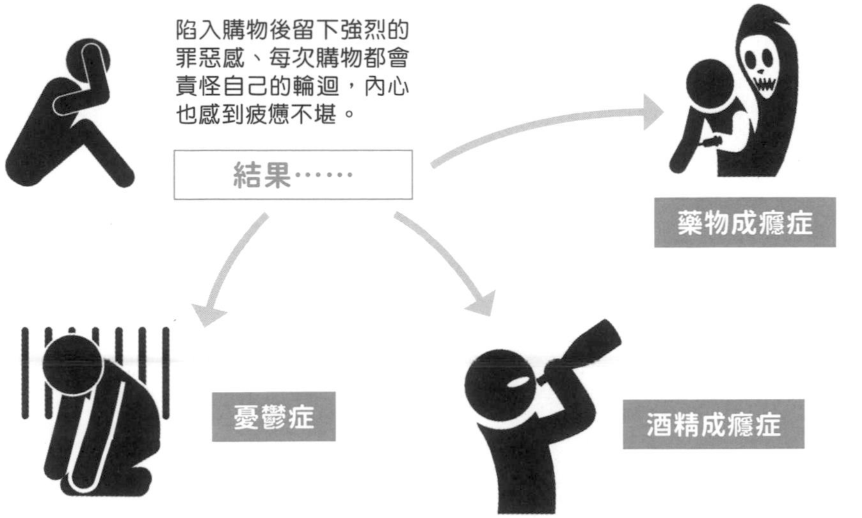
陷入購物後留下強烈的罪惡感、每次購物都會責怪自己的輪迴，內心也感到疲憊不堪。
結果……
藥物成癮症
憂鬱症
酒精成癮症

愈是不欣賞的人，愈要對他表示贊同

只要願意傾聽，就能拉近彼此的距離

俗話說得好：「話不投機三句多」相信各位都有過這樣的經驗吧，遇到某些人，就是沒由來地看不順眼，或者覺得對方很難相處，完全不想和他交談。要是能夠一直和對方保持距離倒也無妨，問題是如果因為工作或社交所需，不得不和對方來往，又該如何是好呢？

畢竟你是有社會歷練的成年人，要你若無其事與對方接觸，應該也沒問題。但是，**如果你願意克服障礙，說不定能獲得對方信賴**。

若想建立良好的人際關係，**關鍵在於聆聽對方說話**。因為一般人認為，對方如果願意聽自己講話，表示自己在對方心目中「有受到認可」。

所以，建議各位不要想著「我和這個人犯沖，才不想聽他講話」，而是在接觸的過程中觀察對方是什麼樣的人，想想自己為什麼會和他處不來。在對方講話時記得不時點頭回應。

相信在對方表達的意見中，**應該也有一部分是你會贊同的**，這時，只要說出你和他「英雄所見略同」，不但能加深他對你的信任感，也會稍微拉近彼此的距離。

雙方意見一致，有助於提升好感度，這點已經由美國的心理學家**伯納**（Byrne）和**尼爾森**（Nelson）透過實驗得到證實。當然，這點不僅適用於自己覺得很難相處的對象，如果用在想和他變熟的對象上，也會有同等效果。

人對意見和自己一樣的人會抱持好感

心理學家伯納（Byrne）和尼爾森（Nelson）透過「意見的類似與好感」實驗，證實了人們對於意見和自己相同的人會產生好感。而且意見的一致性愈高，好感度就愈深。

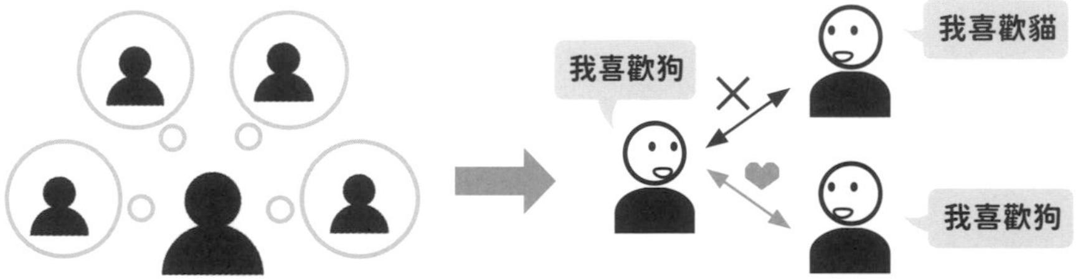

實驗的內容是針對各種議題向學生徵求意見後，再讓受試者檢視其他學生作答的問卷，就該學生的知識水準、教養、道德水準等進行評價。

參加實驗的學生對與自己意見一致性愈高的對象，好感度也愈強。若從相反的角度來解讀這個事實，也就是勉強自己同意討厭的人所表示的意見，就能得到對方的接納。

留心對方的肢體動作，正確應對

對話時，從對方無意識間的一些小動作中，某種程度可以預測其心理狀態。留意對方的肢體動作，並給予正確的回應，有益於順暢溝通。

雙臂交叉在胸前

象徵著自我防衛，這表示你需要更努力才能獲得對方的接納。

雙腿緊緊併攏

表示對方很緊張，你該做的是想辦法讓對方放輕鬆。

用手遮著嘴角和下巴

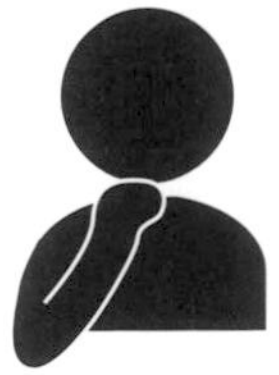

表示對方發言的態度很慎重，建議你要營造出讓對方容易開口的氣氛。

女性時不時撥弄頭髮

表示她對談話的內容和對象興趣缺缺，所以你最好換個話題。

透過心理實驗面對未知的自己

透過「周哈里窗」了解自己的自我分析管理

說到每一個人對自己的了解程度，照理說應該是瞭若指掌，但實情並非如此，甚至偶爾還會出現大錯特錯的時候。

為了確實了解自己是個什麼樣的人，**以下將為各位介紹一種最有效的自我管理方法，同時也能成為改善人際關係的利器**。簡單來說，就是利用一種稱為**「周哈里窗」**的工具，比較自己想像中的自己和別人眼中的自己，兩者之間有多少落差。

「周哈里窗」的概念由美國的心理學家**喬瑟夫**和**哈里**所提出。藉由周哈里窗，可以知道自我評價與他人對自己的評價之間的落差，是一種用於自我分析的工具。作法是把熟人找來，請每個人形容他們眼中的你。

你可以讓大家自由發揮，想寫什麼就寫什麼。或者拿出設計好的問卷或表單，請他們從「認真負責」「有領導能力」「個性冒失魯莽」等選項，選擇符合的項目。

同時，自己也要寫下你覺得自己是個什麼樣的人。自己和熟人都寫到的部分稱為**「開放我」**；只有自己寫到的部分稱為**「隱藏我」**；而只有熟人寫到的部分則是**「盲目我」**；至於雙方都沒有提到的部分則稱為**「未知我」**。

相信從熟人對你的評語、上述4個區塊得到的意見，**你應該更能看清自己是個什麼樣的人了**。

「周哈里窗」讓你看到以前所不認識的自己

「周哈里窗」是一種為了以客觀角度檢視自己的自我分析工具。將自認的性格特質與你在別人眼中的性格特質進行比對，就可以知道自己的性格傾向，發覺以前所不了解的自己。

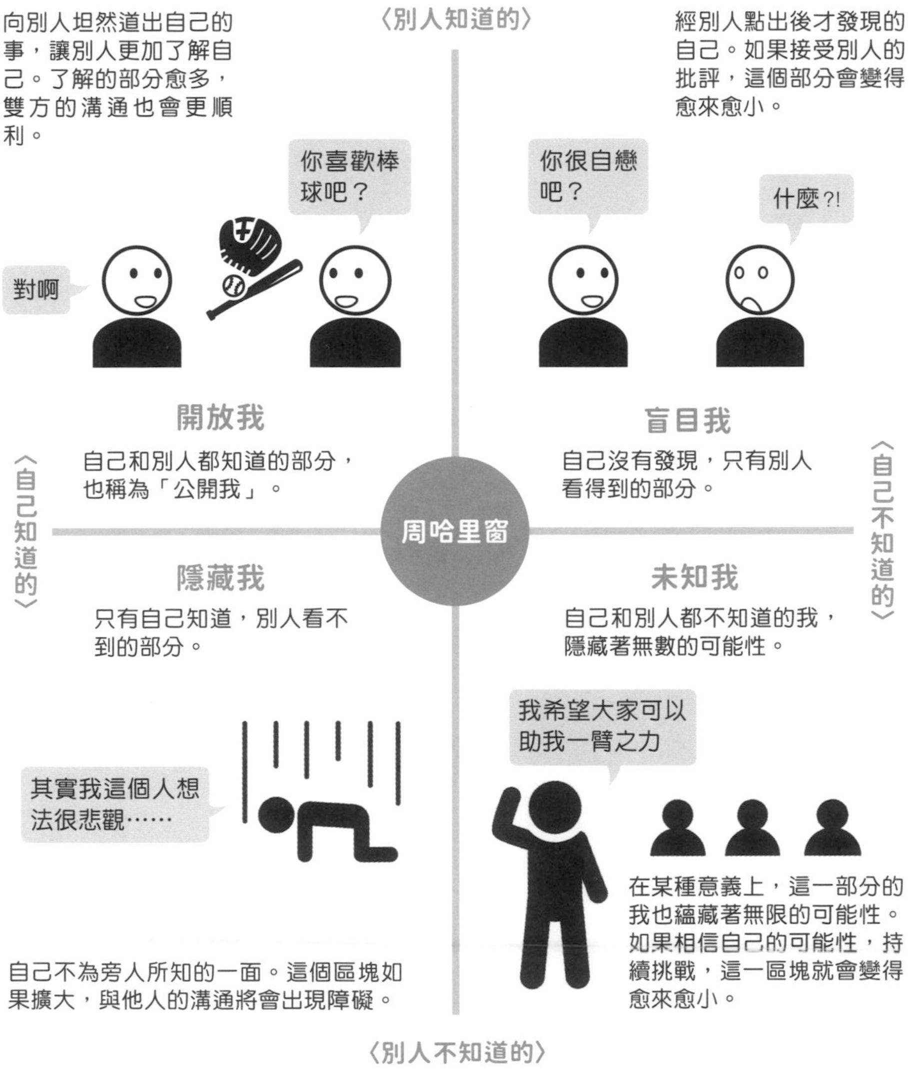
〈別人知道的〉
向別人坦然道出自己的事，讓別人更加了解自己。了解的部分愈多，雙方的溝通也會更順利。
你喜歡棒球吧？
對啊
經別人點出後才發現的自己。如果接受別人的批評，這個部分會變得愈來愈小。
你很自戀吧？
什麼?!
開放我
自己和別人都知道的部分，也稱為「公開我」。
盲目我
自己沒有發現，只有別人看得到的部分。
〈自己知道的〉
周哈里窗
〈自己不知道的〉
隱藏我
只有自己知道，別人看不到的部分。
未知我
自己和別人都不知道的我，隱藏著無數的可能性。
其實我這個人想法很悲觀……
自己不為旁人所知的一面。這個區塊如果擴大，與他人的溝通將會出現障礙。
我希望大家可以助我一臂之力
在某種意義上，這一部分的我也蘊藏著無限的可能性。如果相信自己的可能性，持續挑戰，這一區塊就會變得愈來愈小。
〈別人不知道的〉

利用1張紙和1枝筆了解自己的方法

透過誠實面對自己的20個項目，發現自己新的一面

以下為各位介紹自己一個人也能進行的自我認識法。有一種名為「**投射法**」的性格測驗，**有助於讓我們深入了解隱藏於內心深處的潛意識情感與欲求**。

在各種投射法的測驗當中，「**20題陳述測驗**」是一種方便又有效的方法。需要準備的道具很簡單，只要紙和筆就夠了。要做的事也很簡單，只要提筆在紙上寫下20個「我是〇〇」的句子就好了。

或許有人覺得只有20個句子很容易，但很多人寫著寫著，卻變得愈來愈沒有把握，而且寫下的內容應該也會牽涉到自我內在。從一個人究竟是振筆疾書，一下子就寫好20個，還是遲遲難以下筆，可以看出一個人面對自己的態度是時常思索，還是漠不關心、不想面對。

至於寫下來的這20個項目，並不需要進一步的分析、評論、判斷，**只要將之視為一種如何看待自我的客觀手法就好了**。透過檢視自己寫下的內容，或許你會發現自己以往不曾正視的缺點，或是值得感到驕傲的事、對未來的目標和期許等。

除了這種稱為「**句子完成測驗**」的手法，投射法還有好幾種不同形式。例如替圖畫的對話框填上文字的「氣球測驗」及「你覺得自己像哪種動物？」等把人物比喻成其他事物的「比喻法」等。

「20題陳述測驗」能夠讓你發現自己被隱藏的一面

「20題陳述測驗」是由美國的心理學家庫尼和麥克帕特蘭所開發的一種自我分析方法。利用這個方法，可以察覺自己受到壓抑的欲求與煩惱等原先被隱藏起來的一面。

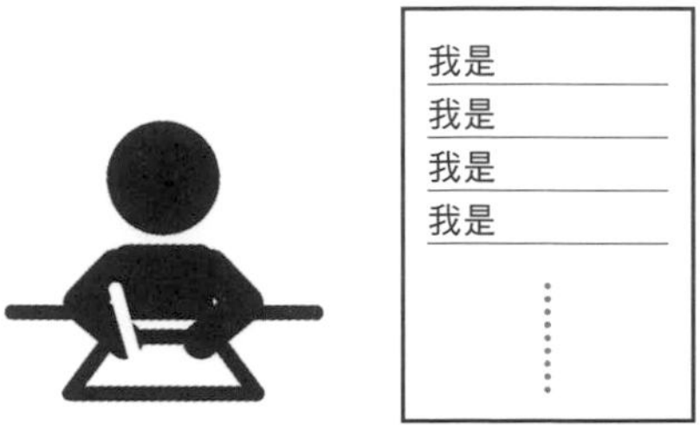
我是
我是
我是
我是

在5分鐘內寫下20個以「我是～」為開頭的句子。雖然一開始能夠振筆疾書，但寫到一半以後，速度就會開始放緩，為了作答而絞盡腦汁。

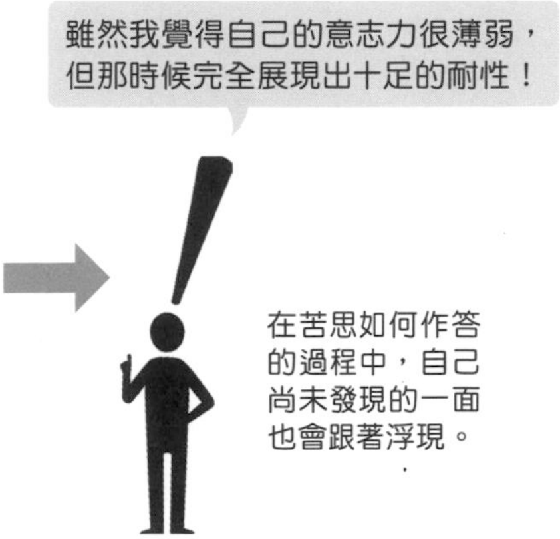
雖然我覺得自己的意志力很薄弱，
但那時候完全展現出十足的耐性！

在苦思如何作答的過程中，自己尚未發現的一面也會跟著浮現。

利用各種方法面對自我

除了「20題陳述測驗」，還有其他可以喚起潛意識欲求與情感的方法。只要利用這些被稱為「投射法」的技巧，養成面對自己的習慣，到了緊要關頭，就能確實想出有用的對策。

畫中的人們在說些什麼呢？

氣球測驗

藉由幫對話框填上對話的作業，可以發現自己被隱藏的情感。

你會用什麼動物來代表自己？
我是貓

比喻法

透過把人或物比喻成其他事物的作業，可以讓自己察覺到以往不曾注意的情感。

人爲什麼會利用網路毀謗、中傷別人

處於匿名狀態和置身於群體之中時，人會變得比實際更加無情

不知道各位是否也曾遇過這樣的人：明明和對方毫無利害關係，卻直接對著當事人批評其發表的意見，像是「你錯了」「你這個人沒有活著的價值」。

假設你確實遇過這種人，無疑地，這種惡意批評別人的人才是大有問題，而這樣的事在網路上早已是家常便飯了。

如果透過網路，許多人就會毫不猶豫地毀謗中傷別人，用難聽到當面說不出口的話辱罵對方。成為群起攻擊對象的人，必須承受各種謾罵與侮辱。雖然有時也會出現某些自詡為正義之士、宣稱要「矯正錯誤」的人，但話說回來，如果要他們在大眾面前公開自己的身分，他們還做得出同樣的事嗎？

這種現象就是因匿名性造成的「去個性化」下的產物。透過美國的心理學家津巴多的實驗，已經證實在匿名的情況下，人會變得較為冷酷，也容易出現暴力行為。

透過實驗也證實，反覆的攻擊會使人變得更加殘忍無情。這種狀態在集體互動相當頻繁的網路世界會是一把雙刃劍，雖然有其便利性，但也隱藏著風險。

在此建議各位，**假設哪天自己成為眾矢之的，請不要進行無謂的爭辯，而是當場離開**。另外，當你要透過網路留下評論時，請先想想是否可能對認識的人具有針對性。

匿名會讓人變得冷酷

根據心理學家津巴多的實驗結果，據說人在匿名狀態下容易出現殘酷的一面。這也是為什麼人只要透過網路，就能毫不在乎地毀謗中傷別人的原因吧。

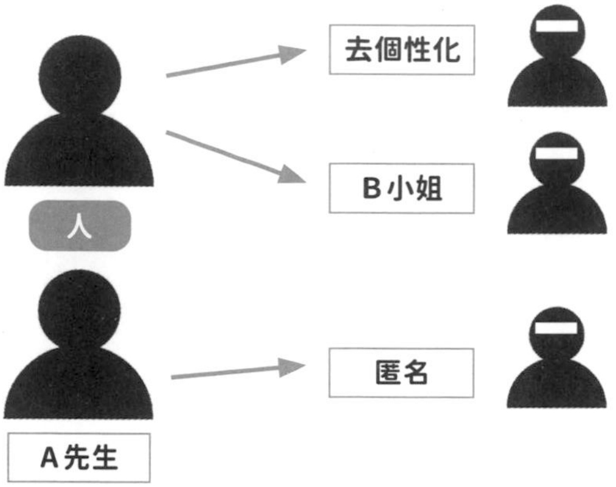
去個性化
B小姐
人
匿名
A先生

讓兩個臉部隱藏起來的人（去個性化）的其中一人掛上名牌。結果發現沒有掛上名牌的人，在攻擊別人時表現得更為冷酷。

和公開姓名的狀態相比，人在保持匿名狀態時會表現得較為無情。因為在公開姓名的狀態下，自己也會承受痛苦。

養成深思熟慮的習慣

根據加拿大的心理學者班度拉的實驗，人的攻擊行動會促成別人的攻擊行動。所以，對別人發動攻擊之前，先停下來仔細思考很重要。

模仿學習

看到大人對人偶施暴的孩子，和沒有目睹大人對人偶施暴的孩子相比，前者的攻擊性變得比後者強。這種受到他人的攻擊性影響，結果自己也變得有攻擊性的現象稱為模仿學習。

是那傢伙有錯……
都是你不好

如果有人在社群媒體上引發論戰，因為當事者受到千夫所指，也因此助長了「他一定有錯」的心理，導致論戰愈發激烈。

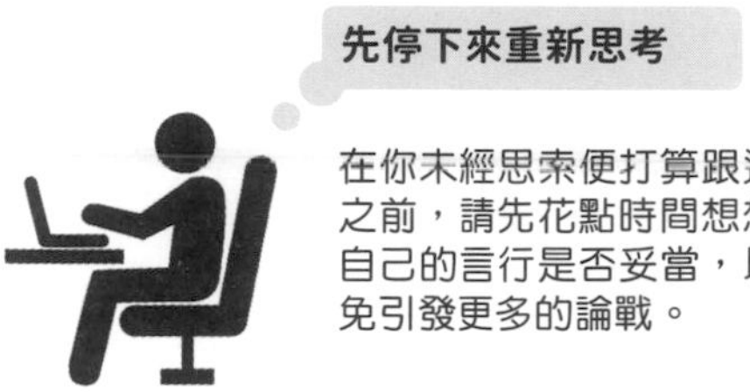
先停下來重新思考

在你未經思索便打算跟進之前，請先花點時間想想自己的言行是否妥當，以免引發更多的論戰。

無需堅持非得帶著同一張面具過日子的人設

具備的面向愈多，內心也會更加自由

一樣是犯下順手牽羊的竊行，但社會大眾的批判程度依犯案者的身分而截然不同。如果是醫生和大學生，想必前者受到的非議會比後者超出許多。

這點源自於世人對該職業的印象，例如：「既然是醫生，應該不缺錢吧」「虧他做的還是救人的工作」所影響。不論身分、職業為何，沒有人可以完全擺脫這個既定形象，**因為此一既定形象也是「別人眼中的自己」**。

話說回來，如果自己被過度侷限在該形象中，有可能會成為一種壓力。舉例而言，有人堅持要維持「好爸爸」或「能幹上司」的形象，所以只要覺得自己的行為表現有礙形象，就會開始自責。擁有目標固然是好事，但是過於苛求自己，只會讓壓力上身。

每個人都具備許多形象，絕對不會只有單一面向。舉例而言，一個在家庭是丈夫和父親的人，到了公司，既是別人的主管，也是其他人的下屬。

希望被別人看到的自己、呈現在別人眼中的自己稱為**「公眾的自我意識」**，而忠於真實感受的自我稱為**「私下的自我意識」**。兩者都有其必要性，同時也請各位做好這樣的認知：只要兩者保持平衡，就能盡可能降低壓力，使日常生活得以順利運作。

人沒有必要隨時都戴著同一張面具

每個人在社會上走跳，通常會依照場合分別使用好幾張人格面具（Persona）。大家在所屬的社會中，不自覺地各自扮演著自己被分配的角色。

人格面具
好媽媽
產後憂鬱症

每個人都會配合不同的場合所需，分別使用好幾種人格面具。

一旦過度適應自己扮演的「好媽媽」角色⋯⋯。

同一張面具戴久了會造成心理負擔，導致身心出現狀況，造成產後憂鬱症等。

好上司的
面具
值得信賴的
好友面具
不近人情的
客戶面具
溫柔爸爸的
面具

人一旦過度拘泥於社會大眾對自己的評價，就會壓抑自己的想法以迎合周圍的意見，如此一來，便很容易陷入欲求不滿的狀態。但只要能夠依照場合改變戴在臉上的面具，就可以順利轉換心情。

擺脫對社會眼光的執著

人在潛意識中會自動將大眾分類（刻板印象）。自己在生活中也承受著來自刻板印象的重擔。

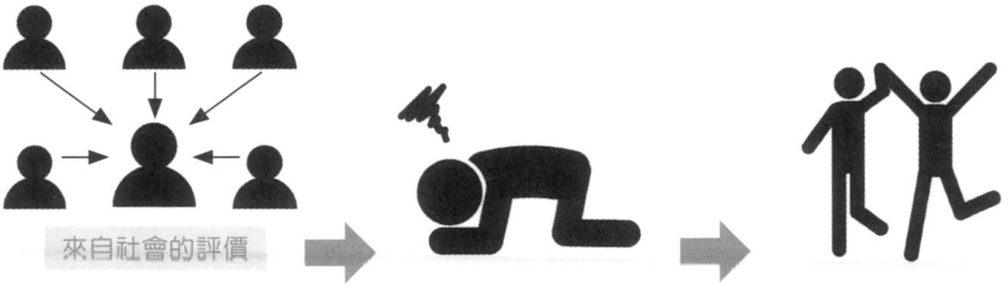
來自社會的評價

在日常生活中，隨時在乎別人對自己的看法。

過度在意大眾對自己的評價會成為壓力，長期累積下來，有可能突然心生歹念，做出觸法的事。

不要鑽牛角尖，也不要過度在意別人的眼光，好好愛自己吧。讓自己適時地轉換心情也很重要。

從對金錢的欲望解脫出來

愈是渴望，愈覺得不足
從心理學探究金錢為何具備如此魔力的理由

對一般人而言，１張日幣１０００元的鈔票，只能買到價值日幣１０００元的東西。

但是，同樣是日幣１０００元，在某些人眼中所意味的價值，可能和其他人大不相同。對每天午餐預算只有日幣５００元的人來說，日幣１０００元等於兩天的午餐費，但是對每天光是午餐就吃掉日幣２０００元的人而言，連吃一頓午餐都不夠。換言之，**執著於金額的高低，其實並無太大的意義**。

不論錢多錢少，最重要的是它對自己而言具備多少價值，這點可以由自己決定。只要金錢的價值操之在己，**就不會淪為金錢的奴隸**了。

舉例而言，假設有兩個薪水一樣多的人，一個總是抱怨薪水太少、入不敷出，而另一個人卻覺得很滿足，日子過得知足常樂。

根據美國的心理學家**布魯納**和**古德曼**的實驗，生長在富裕家庭的孩子，把銅板畫得比實際尺寸小，但是低收入戶家庭的孩子有將銅板畫得比實際尺寸大的傾向。換言之，**當欲求強烈時，想要的東西在人的眼中也跟著被放大**了。

對金錢的渴望愈是強烈，它在你心中所占的比重就愈大，情緒也容易被它深深地牽動。希望各位都能懂得滿足現狀的重要性。

錢的價值在每個人的眼中都不一樣

錢在人眼中的價值因社會背景和欲求而異，這點透過心理學家布魯納和古德曼進行的銅板實驗已得到證實。

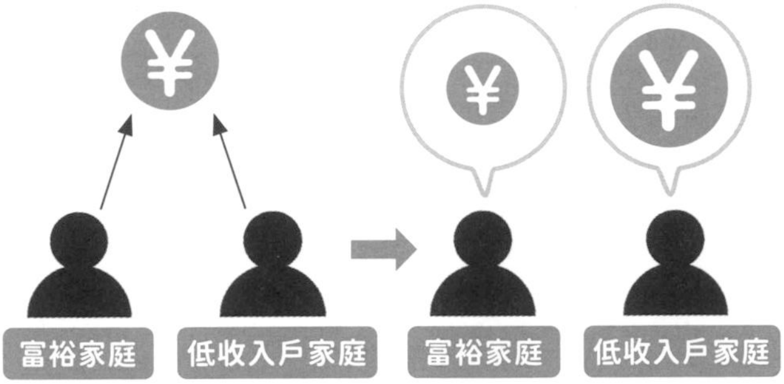

讓富裕家庭和低收入戶家庭的孩子都先看過銅板，再要求他們畫出一個和銅板一樣大的圓。

結果發現，生長在低收入戶家庭的孩子，畫出來的圓比實際的銅板大，而出身於富裕家庭的孩子將圓畫得比實際銅板小。

社會性知覺被人的欲求所左右

在社會上被視為有價值之物會在知覺上受到強調，而且受到強調的程度與人對該物欲求的強烈程度呈正比。這點也說明了為什麼生長在低收入戶家庭的孩子，眼中的硬幣看起來比實際還大。

知道自己的欲求，並加以控制

首先掌握自己會對什麼產生欲求，只要能夠以自我抽離的角度看待自己的欲求，就能順利掌控。

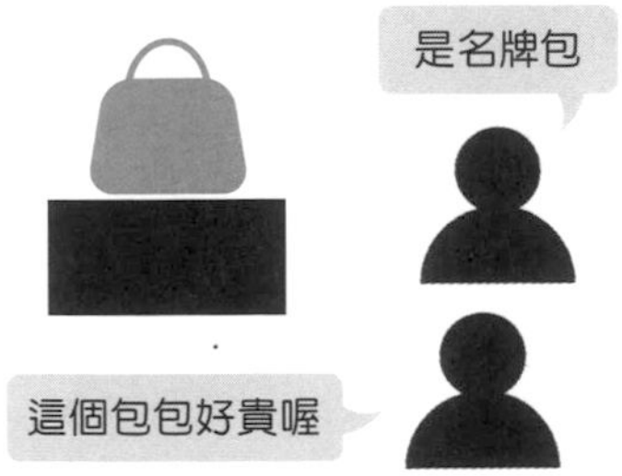

對能夠看出名牌價值所在的人而言，名牌貨就是不惜付出高價也要買到的商品，但是對看不出價值所在的人而言，名牌單純就只是價格高昂的商品。

只要認清社會認定的價值並非絕對，也不等同於自己的價值觀，這麼一來，就能掌控自己的欲求。

COLUMN

心理測驗② 「主管正在看你嗎？」

坐在辦公室的你正對著電腦敲鍵盤，努力工作。突然間，你發現「主管正在看我耶」。這時，你覺得主管的心裡在想些什麼呢？請從下列的4個選項選出你的答案。

上司正在看你。爲什麼呢？

A
他只是正好因為「眼睛好酸啊～」而把頭抬起來，並不是刻意在看我。

B
有事找我，所以看向我這邊。

C
我覺得他有事要找其他人。

D
這種事經常發生，我不會特別在意。

心理測驗的解析在第70頁。

PART 3

解決人際關係難題的溝通技術

不再堅持完美主義，輕鬆生活

認同不以100分為目標的自己也具備存在的意義

請各位捫心自問自己是不是有過於堅持完美的傾向？包括在工作上不允許自己犯錯、為了趕在期限內完成工作，就算長時間加班也在所不惜、不允許自己的表現被周圍的人扣到分等。

做事追求完美的人，經常因為過於講究細節而耗費太多時間，但是又無法接受工作進度延遲。不僅如此，甚至有人會將不追求完美的人視為「非同道中人」，導致人際關係也變得一塌糊塗。

話說回來，為什麼有人會堅持凡事要做到完美呢？一般認為原因和日本人從小接受的減法教育所培育出來的價值觀有關。

因為我們從小生長在一定要以滿分為目標、如果達不到就不受認同的環境，所以只要沒拿到滿分就覺得自己沒有價值，渴望獲得別人肯定的**認同欲求（自我肯定感）**也未能得到滿足，因而陷入害怕自我肯定感下降，只能以得到滿分為目標，卻逐漸把自己逼入絕境的惡性循環。

若要享受人生的樂趣，捨棄追求完美的念頭也是選項之一。就算仍以滿分當作目標，但也不要過於苛求自己，如此一來，**想必就能讓工作和生活取得更好的平衡**。包括人際關係的經營，相信也會變得更加圓滿順利。

完美主義者堅持完美的理由

根據美國的心理學家馬斯洛提出的「需求五層次理論」，人的需求一共分為5個階段。完美主義的人為了滿足其中的尊重需求而將完美的行動視為目標。

自我實現需求

活得像自己、想要提高自我能力的需求。

社交需求

對親情、友誼和隸屬於某個團體的需求。

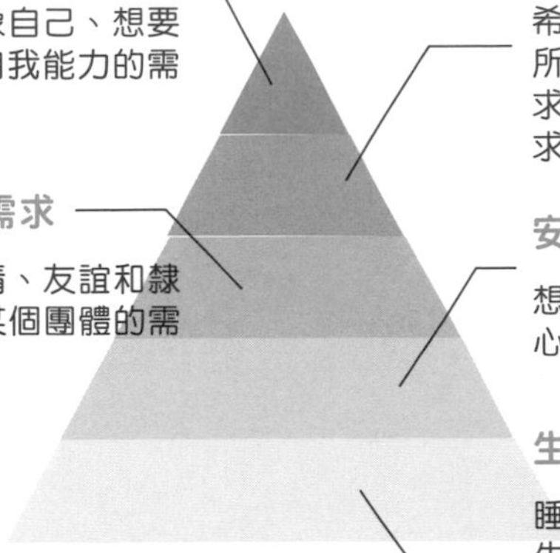

尊重需求

希望自己的存在受到所屬團體認可的需求，也稱為自尊需求。

安全需求

想要遠離危險，安心過日子的需求。

生理需求

睡眠、飲食等維持生命的最基本需求。

完美主義的人認為自己一定要做到完美，否則無法得到認同。若是無法得到認同，自認自己有價值的感覺（自我肯定感）就會降低，尊重需求也無法獲得滿足。

擺脫完美主義的方法

為了從完美主義解套，保持彈性思考很重要。請各位改變原有的心態，重新調整工作和生活的平衡吧。

條列法

列出自己覺得煎熬的狀況，以客觀的立場反覆審視，透過心境發生改變的自覺，讓自己的想法不再把自己逼到死角。

轉爲正面思考

與其執著於工作要做到完美，不如把重點放在該怎麼做，才能讓自己從工作得到成就感和意義。

排出優先順序

拿出撤退的勇氣，遇到可以偷懶的時候就偷懶。依照急迫性排出優先順序，將手邊的工作一一完成。

謹記小步原理

不要馬上挑戰難度高的事，先從小事做起。因為不斷累積成功的經驗，可以提高自我肯定感。

保持適當的距離，是建立良好關係的不二法門

深諳個人空間的重要性，維持讓彼此都感到舒適自在的關係

有些動物具備強烈的領域性，絕不允許自己的領域受到侵犯，其實，人也有類似的概念。那就是所謂的**個人空間（Personal space）**，是一種不希望不熟悉的人靠近自己的心理。

心理學認為**人與人之間，會以適當的距離區分關係的親疏遠近，稱為人際距離**。美國的人類學家愛德華．霍爾，為人際關係劃分了4種距離，分別是與家人／情人／友人間的**親密距離**、與朋友／認識的人之間的**個人距離**、與一起工作的對象之間的**社交距離**、與陌生人之間的**公眾距離**；另外，這4種距離又各自分為**近距**和**遠距**。

為了提升人際關係的品質，依照對象保持適當的人際距離很重要。所謂交情屬於親密距離的對象，意思是只要在正確的時間點靠近與接觸對方，就能把自己的心意向對方傳達，讓他得到安全感和信賴感。但是，如果和完全不認識的人保持密切距離，對方應該會覺得不舒服。

人際距離也反映在說話方式上。如果用對家人和伴侶說話的口吻和共事的對象講話，對方一定會覺得莫名其妙，暗想：「你幹嘛和我裝熟，講話真沒禮貌！」相反地，如果和對方熟識已久，講話的口吻卻過於客氣有禮，也可能弄巧成拙，反而讓對方產生「難道他還是把我當外人嗎？」的感受。

人際距離依對象而有不同

人在潛意識裡會依照與對方的親密程度而保持自己能夠接受的心理距離。為了建立更圓滿的人際關係，意識到人際距離是否適當很重要。

親密距離

- 近距離 0～15cm：連彼此的呼吸都感覺得到，專屬於兩人的距離。
- 遠距離 15～45cm：若與他人維持這樣的距離，一般會感到不舒服和壓迫感。

個人距離

- 近距離 45～75cm：除了夫妻和情侶不在此限，一旦越界會容易使人產生誤會的距離。
- 遠距離 75～120cm：互相把手伸直，剛好能觸碰到彼此手指的距離。

社交距離

- 近距離 120～210cm：與共事對象最適合保持的距離。
- 遠距離 210～360cm：可以把整個人看清楚的距離。

公眾距離

- 近距離 360～750cm：難以建立個人之間互動關係的距離。
- 遠距離 750cm～：以比手畫腳為主要溝通手段的距離。

共同的興趣會拉近人際距離

人際關係也可能因興趣和嗜好的差異而產生不同。人們遇到擁有共通興趣和嗜好的對象時，容易拉近彼此的人際距離。

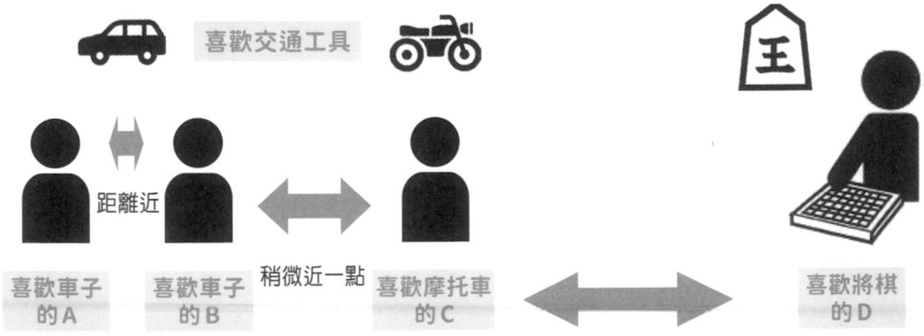

兩個都喜歡車子的人，彼此之間的人際距離較近，而喜歡摩托車的人也算是喜歡交通工具的同道中人，所以彼此之間的人際距離也近。

人際距離相當遙遠

喜歡交通工具和喜歡將棋是兩種截然不同的嗜好，所以彼此的人際距離也比較遠。

不隨對方的情緒起舞，保持平穩

配合對方的步調，讓他暢所欲言，等待怒氣慢慢平息

對著自己破口大罵、抱怨連連的客戶，還是態度惡劣的主管和下屬，抑或是為了某事煩心而陷入低潮的家人和朋友，不論面對的是上述哪一種對象，與他們溝通時都更加費神。

如果開口反駁或是與對方爭辯，恐怕只會造成反效果，讓對方的怒火愈燒愈旺，事情也變得一發不可收拾。在此建議各位，**如果遇到這種場合，最好的處理方式就是專心聽對方說**。

這個方法在心理學上稱為**「談話療法」**。利用這種技術，能夠讓心情激動的人，藉由談話，使心情逐漸平靜下來。

除此之外，運用**同步（Pacing）**的手法，讓自己的感受與說話方式盡可能配合對方，也能得到很好的效果。願意配合對方的節奏進行溝通，能夠消除他的不安與不滿；同理心的發揮也會讓他產生安全感。

具體行動包括**配合對方說話的速度和聲調高低的配合法（Matching）**、**和模仿對方身體語言的鏡射法（Mirroring）**。

面對正在生氣或心情不好的人，如果採取「冷處理」的態度，要求他們「不要這麼激動，冷靜一點」，可能會帶來火上加油的反效果。正確作法是站在對方的角度感同身受，耐心等待對方的怒火自然平息。

讓投訴的顧客暢所欲言

處理客訴時，一個不小心，很可能會造成火上加油的反效果，最佳的解決之道是專心傾聽對方的話。

可是，這位先生……
你打算反駁我嗎！

處理客訴時，嚴禁中途打斷對方的話並插嘴。這個舉動可能會使對方變得更生氣，繼續抱怨。

好的，好的
算了，你知道我的意思就好

只要讓對方暢所欲言，他就會逐漸恢復平靜。等到對方冷靜下來再向他說明對策，才是明智之舉。

談話療法

只做一件事，就是專心傾聽對方說話的心理療法。這是一種仔細聆聽患者的話，再把其中封閉於潛意識中的想法化為語言，加以分析的技術。

避開對方言語攻擊的妙計

和正氣在頭上的人交談時，千萬不要有要正面迎戰的打算，而是運用心理學中的同步技巧，讓自己全身而退。

配合法

模仿對方的聲調高低和說話速度等。

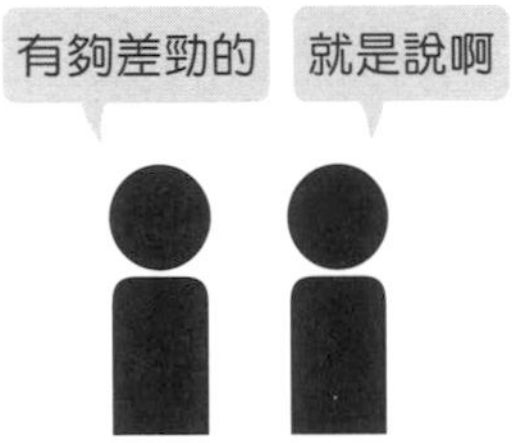
有夠差勁的
就是說啊

同調

和對方同一個鼻孔出氣，進入同樣的情緒和精神狀態。

鏡射法

模仿對方的動作和表情等。

絕對不會讓你吃閉門羹的交涉技巧

利用以退為進或得寸進尺的策略，得到對方的首肯

希望對方接受自己的請託時，如果很不客氣地要求「我要你做這件事！」，十之八九對方不會買單。為了確保交涉能夠順利進行，以下為各位介紹一種名為**登門檻效應的心理手法**。這項技巧同樣可應用在家人之間的交涉、資金周轉等場合。

在委託對方重任之前，先從小事開始，再逐步加重份量的方法稱為登門檻效應（得寸進尺效應）。

舉例而言，你想請同事幫忙時，一開始先說：「不好意思，可以撥一個小時幫我嗎？」這種程度的請求，一般人通常都會答應，於是你乘勝追擊，進一步提出要求：「那可以延長成兩個小時嗎？」因為同事已經先說一次OK了，現在不好意思拒絕，所以就會爽快答應說「好，沒問題！」。

逆向操作也是另一個方法。**這種方法是一開始先要求對方幫個大忙，再逐漸放寬自己的要求，最終讓對方同意接受自己實際設定的目的。這種方法稱為門在臉上策略**（Door in the face technique，又稱為以退為進法）。

舉例而言，假設你原本打算拜託對方完成的工作大約需耗時1小時，但一開始你先對他說：「請你幫我3～4個小時」如果對方拒絕了，你就改口：「那如果只要1個小時呢？」因為有所讓步，對方很可能就願意幫忙了。

讓你不會吃閉門羹的4項技巧

為了透過交涉達成雙方的共識，各位必須運用各種技巧，使對方改變態度和行動。以下介紹的4項技巧，請務必牢記在心。

①登門檻效應（得寸進尺效應）

一步步提高要求難度的手法。利用人只要答應一開始的要求，接著就難以拒絕的心理，達到原本預設的目的。

②門在臉上策略（以退爲進法）

做好被拒絕的心理準備向對方獅子大開口，如果遭到對方拒絕，就改成較小的要求。利用對方拒絕了最初的要求會產生愧疚感的心理，讓他不會再次拒絕你的提議。

③單面陳述（只提好處）

針對自己欲主張的內容與希望得到對方同意的主張，只提出優點。

④雙面俱陳（好壞都提）

針對希望得到對方同意的內容，同時提出優點和缺點。

只要說出對方的名字就能增加親暱度

在談話中稱呼對方名字，並找出雙方的共通點，以利留下好印象

洽商時，如果希望事情朝著有利的方向進行，或者想和第一次見面的人拉近關係，重點在於如何縮短心理上的距離。為了達到這個目的，**各位可以試試在對話中用名字稱呼對方。**

舉例而言，如果你本來要說的是「剛才提到的事……」，就把它改成「○○你剛才提到的事……」。各位將會發現，只不過是在對話中稱呼對方的名字，就能加深對方對你的親密感和信賴感。**將這個方法運用在線上會議、洽商、聚餐等場合都有不錯的效果**。只要在談話中加入對方的名字，就能消弭對方對自己是否辭不達意，讓你無法充分理解的不安。

在對話中不時點頭稱是或附和，也有助於縮短心理上的距離，所以建議各位不妨做個好聽眾，仔細聆聽對方說什麼。

在閒聊中**找出雙方的共通點**，也是增加信賴感的方法。美國的心理學家海德提出了「平衡理論」，他認為**自我、他人、共通點（事物）三者要保持平衡，才能維持穩定的關係**。

為了找出雙方的共通點，你不妨在談公事的前後，詢問對方「○○有沒有推薦哪間餐廳的午餐呢？」對方告訴你後，只要你也回應「我對那間餐廳也有興趣耶」，那等於找到一項共通點了，在營造雙方之間的穩定關係上，能夠發揮些許力量。另外也建議各位在洽談公事之前，先準備幾個容易找出共通點的話題。

如何讓對方對你產生更多的親切感

想要和對方變得熟稔，必須縮短彼此之間的心理距離。不論是線上會議或視訊洽談，只要施展一些小技巧，就能讓對方改變對你的印象。

在對話中稱呼對方名字，會讓對方產生互惠規範的心理，願意對你打開心門。

再次見面時，用對方的名字稱呼他。當聽到有人喊自己的名字，腦內會產生催產素（幸福荷爾蒙），對他產生好感。

交談時不時點頭附和對方。點頭意味著同意、允許、承認，說話者會覺得自己受到肯定，對聽自己說話的人產生好感。

只要共通點多，人際關係就會變得很穩定

根據心理學家海德的說法，人會避免自己與他人、共通點（事物）失去均衡，並努力保持三者間的平衡。和他人擁有共通的興趣，有助於人際關係的和諧。

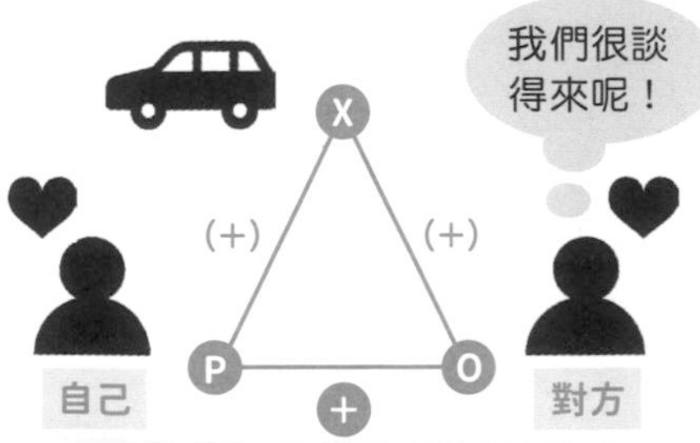

自己（P）喜歡車子（X），意即P→X的關係（＋）、初次見面的對象（O）也喜歡車子，所以O→X的關係也是（＋）。只要提到車子的話題，自己和第一次見面的對象也能達到（＋）關係。

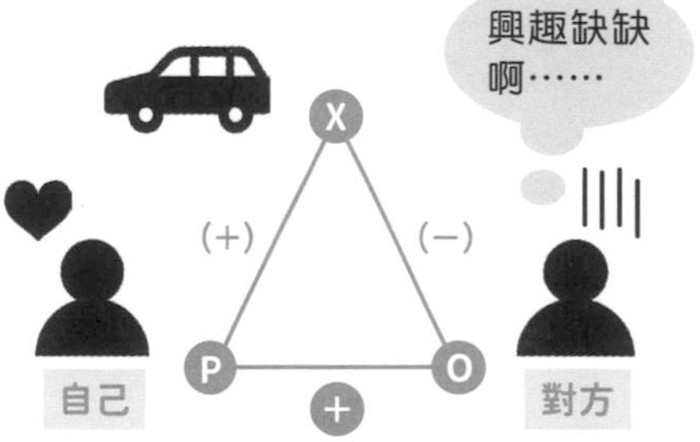

P→X的關係雖然是（＋），但第一次見面的對象對車子興趣缺缺，所以O→X的關係會是（−），P→O也是（−）。這時應該改變話題，不要繼續討論車子。

公開宣告以提升動機

設定好目標再昭告天下，以刺激自己的幹勁

對工作漫不經心的下屬、無心學業的孩子、無法下定決心要減重的自己……，明明知道該拿出幹勁，但就是很難切換成上工模式。

其實，只要下點工夫，你就能產生更強烈的動機，督促自己達成目標。方法就是**讓周圍的人都知道你的目標為何**，這種作法在心理學上稱為**公開承諾（Public Commitment）**。

面對只要有心就辦得到的下屬，你不妨要求他對整個部門宣布自己的業績目標。對不愛念書的孩子，建議家長向孩子提出類似「在7月中旬前把所有練習題寫完」的要求，讓他把這件事視為全家人共同的目標。想開始減重的人，不妨先向親朋好友大肆宣傳自己的目標，以達到督促自己的效果。**重點是不要孤軍奮戰，而是讓其他人也知道自己的計畫**。如此一來，就會更加努力，成功機率也會跟著上升。

如果昭告天下以後還是激發不了鬥志，別忘了還有**對比效應**這招。方法就是先向缺乏幹勁努力的人提出一個遙不可及的大目標，如果被拒絕，再改成原本設定的小目標。

舉例而言，你先向下屬提出「這個月的業績要做到100萬！」，可預期他的回答大概是「我辦不到啦～」。接著你提出折衷方案告訴他「那改成50萬，只要你努力，一定能達標」。聽到你這麼說，對方會產生不能辜負你的心情，轉而認真投入工作，以達到目標。

在衆人面前公開自己的目標

即使訂下目標，光靠自己還是難以達成。但是，在大家面前公開，就能夠付諸行動，有效提高目標達成的機率。

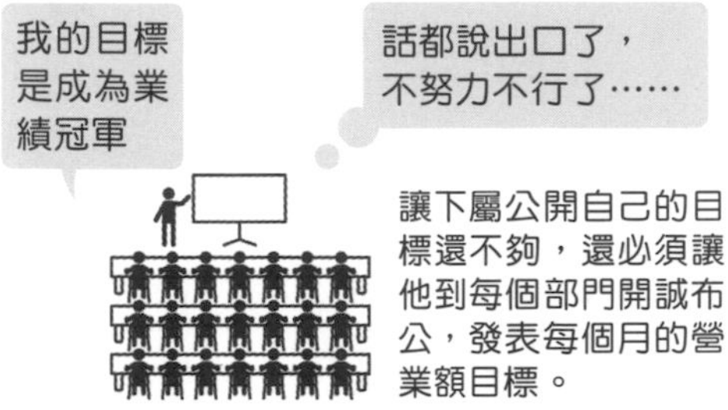
我的目標是成為業績冠軍
話都說出口了，不努力不行了……

讓下屬公開自己的目標還不夠，還必須讓他到每個部門開誠布公，發表每個月的營業額目標。

我要減肥
我要每天都更新部落格
我的目標是TOEIC超過800分

公開承諾

在大庭廣眾之前說出自己的目標，讓本人產生對自己說的話要負責任的自覺，連帶增加為了達成目標的行動力。

藉由宣傳達成目標的技巧不僅適用於商場，也能夠運用在許多場合。

刺激自尊心，藉以激發出鬥志

俗話說一樣米養百樣人，在同一團體中，難免也存在著某些提不起勁做事的人。為了激發出他們的幹勁，最有效的方法是刺激自尊心。

提不起勁做事……
ZZZ
我也是耶

部門中只要有一個無心工作的員工，漸漸地連其他員工也會被傳染，導致工作進度一再延遲。

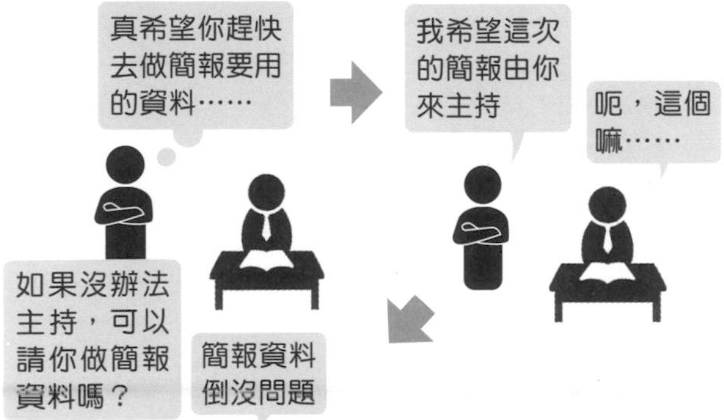
真希望你趕快去做簡報要用的資料……
我希望這次的簡報由你來主持
呃，這個嘛……
如果沒辦法主持，可以請你做簡報資料嗎？
簡報資料倒沒問題

面對工作態度不積極的員工時，建議使用對比效應的技巧，也就是一開始先提出會讓他產生龐大心理負擔的要求，之後再折衷改成負擔較輕的工作，讓他樂於接受。

不斷稱讚下屬，目的是使他的能力提升

活用對方受到稱讚後，會想回應受到期待的心理

為了提升業績，當主管的人不斷力圖帶領整個部門上下一心……即使一再疾呼，只要部門裡有一個提不起勁工作的同事，就足以打擊整個部門的士氣。為了改善這種情況，身為主管的你該做的不是叱責也不是排擠那位「害群之馬」，**反倒是要好好稱讚他**。

例如「你的報告整理得很好，幫我省下很多時間」「客戶說你很能幹呢」。總之，你的策略就是每天開口稱讚對方，如果實在找不到值得稱讚的事，改成讚美他的外表，譬如「今天的髮型很好看耶」也行。

即使知道對方講的是客套話，人只要聽到讚美，心情還是會樂得暈陶陶。**持續被稱讚會提高人的自尊心，他不但會變得對自己有所期待，也希望自己能夠回應別人對他的期待**，心理學把這種心理稱為**自我應驗預言**。

另外，當人受到主管和同儕讚美時，也會產生回應期待的心理，**為了得到好的結果而更加努力**，這種心理現象稱為**畢馬龍效應（Pygmalion effect）**，已經由美國的教育心理學家羅森塔爾透過實驗證明。

這種心理效果也可以運用在私領域。如果你身邊也有「真希望他再加把勁」的對象，請試著不斷稱讚他。或許就能得到前所未有的成果。但是要注意的是，稱讚對方時不可太刻意，如何不著痕跡地誇獎對方很重要。

讚美對方是最佳解決之道

人在受到讚美心情會變得很好，即使知道對方說的是客套話，還是會想做出更好的表現以回應對方的期待。請務必記住用讚美來提高工作效率的技巧。

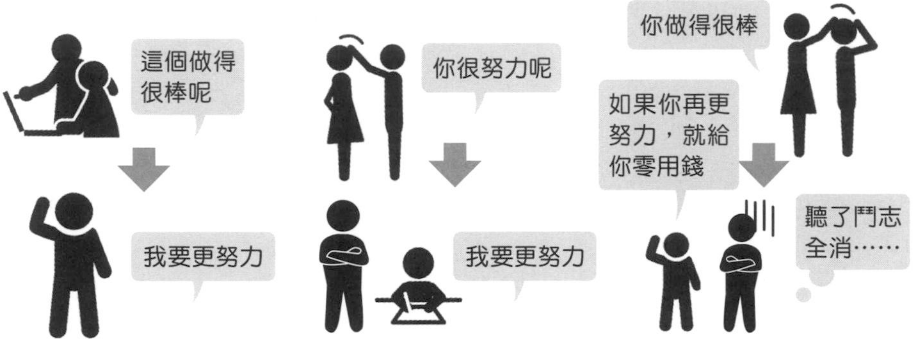
這個做得
很棒呢
我要更努力
你很努力呢
我要更努力
你做得很棒
如果你再更
努力，就給
你零用錢
聽了鬥志
全消……

被別人誇獎後，內心會產生自尊心，希望自己盡可能達到別人給自己的高評價。這種心理稱為自我應驗預言。

聽到別人稱讚自己，會讓當事者提高幹勁，這種心理現象稱為增強效應。

受到稱讚而提起幹勁之後，如果再賦予可得到報酬或獎勵等外在動機，有可能會降低士氣，請務必注意。

被賦予期待的人會帶來更好的成果

美國的心理學家羅森塔爾已透過實驗證明，一旦被賦予期待，人就會努力去提升成果。換言之，讚美有助於效率的提升。

我很期待你的
表現噢
我們好好
努力吧
你們都是
一群廢柴
這下子完全提
不起勁了……

人一旦被賦予期待，就會激發出幹勁，希望以更好的成果回應對方，這種心理稱為畢馬龍效應。

不受他人期待，甚至獲得負面評價時，人會失去幹勁的心理稱為格蘭效應（Golem effect，又稱魔像效應）。

責罵時不能光揮鞭子，也要給糖

指責對方的同時，別忘了告訴他成功時可得到的報酬，或者鼓勵他「就是對你有所期待才會唸你」。

讓你化身交涉高手的話術

決定先行說明或先做總結，以獲得對方同意

在眾人面前進行簡報，或者對客戶施展營業話術時，想必很多人都對自己所講的內容缺乏信心吧。遇到這種時候，建議各位運用**高潮敘事法（climax）和反高潮敘事法（anticlimax）**這兩種心理學的技巧。

所謂的高潮敘事法，就是先說明再做出結論的手法，而反高潮敘事法則剛好相反，屬於先下結論再進行說明的方法。

至於該選擇哪一種，取決於交涉對象對你的談話內容產生興趣的程度。具體而言，假設對方對簡報內容很有興趣，表現出積極考慮的態度，那應該比較適合**說明↓結論的高潮敘事法**。

相反地，面對一開始就對簡報內容興趣缺缺的對象時，請採取**結論↓說明的反高潮敘事法**，這個方法也能夠在會議和事前討論等場合派上用場。如果感覺與會者就快要贊成要討論的內容，就使用高潮敘事法，如果反對派占了上風，就改用反高潮敘事法進行說服。

當然，這兩種方法也能應用在個人生活。例如全家要召開家庭會議討論旅行的地點時，如果覺得自己的提議可能會被家人接受，就採用高潮敘事法，如果反對的聲浪比較強，就以反高潮敘事法放手一搏吧。

依照情況分別使用這兩種手法

口才好的人能夠依場合分別運用這兩種敘事方法。只要能準確區分兩者的使用時機，就能引起對方的興趣，促使交涉朝自己期望的方向進行。

對他用這種敘事手法合適嗎？

擅長交涉的人擁有優秀的觀察力和注意力。他們能立刻瞬間掌握對方的心理和置身環境的氛圍；他們能夠一心兩用，在改變說話方式的同時，也不忘聆聽對方說話，同時表達自己想說的話。

對象
對開場白和形式有所堅持的人。韌性很強的人。

狀況
對方對自己講的內容有興趣，譬如面試和面談等。

遇到這種時候，就用**高潮敘事法**

對象
態度從容平穩，想法符合常理的人。

狀況
對對方所講的內容興趣缺缺，或者對方還沒準備好傾聽的時候。

遇到這種時候，就用**反高潮敘事法**

看樣子應該會好好聽我講……
○○就是○○。我的結論就是……

先說明再下結論的是高潮敘事法。等到對方已經上鉤，再進入結論。

看樣子好像沒什麼興趣……
先講結論的話……

先下結論，再反過來進行說明的反高潮敘事法。用意是以結論吸引對方的興趣。

賣關子會使人很在意後續的發展

故意做到一半以引發想知道、想了解的渴望

順利完成一件事會讓人產生成就感和充實感，但也有一種心理學技巧是故意藉由賣關子而達到目的。

人會很在意未完成、未達到的事，只要一想到，就會湧出很想趕快達成的心情，這種現象稱為蔡氏現象（Zeigarnik effect）。

舉例而言，假設你為了宣傳自家商品很努力地跑客戶，去了同一間公司好幾趟，但還沒與客戶簽約。這時，建議你在解釋商品內容時，故意只講一半就嘎然而止，對客戶說：「我今天先講到這裡，過幾天再和您聯絡」**這種突然抽身的態度，反而能夠讓客戶對你的商品留下更深刻的印象，也想多聽一點關於商品的介紹。**

另外，工作順利進行時，建議不要一鼓作氣地把工作完成，**而是刻意做到一半。理由是到了隔天，讓你掛念的就是昨天尚未完成的工作，所以能夠立刻投入作業。**

如果剛好做到一個段落才結束，人就會產生怠惰心，覺得「昨天夠努力了，今天可以輕鬆一點吧」。

這種半途而廢的精神也可以運用在戀愛上。例如不要馬上回覆對方，或者以賣關子的態度面對對方的提問等，都能夠讓對方激發出「好想知道！」的好奇心。請各位務必試試看。

刻意賣關子來吸引對方的興趣

人對做到一半或未完成的事物會感到介意，總覺得心裡有疙瘩。只要好好利用這種心理作用，就能夠成功喚起別人的興趣。

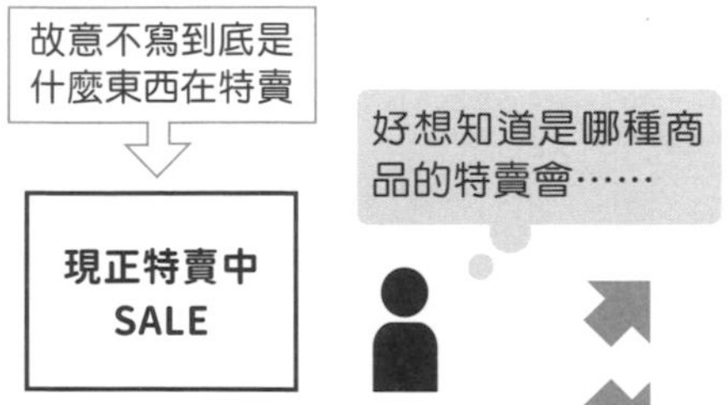
故意不寫到底是什麼東西在特賣
現正特賣中
SALE
好想知道是哪種商品的特賣會……

利用人對沒有達到或中斷的事物容易留下強烈印象和記憶的心理作用（蔡氏現象），能夠成功引起對方的興趣。

後面的劇情到底如何發展啊……
待續

連續劇總是播放到正精彩處就出現「待續」兩個字。中途喊停，讓觀眾看得意猶未盡，有助於下一集的收視率。

下次再約
嗯

不要急著在初次約會拉近與對方的距離，而是短暫相處後就結束。雙方說好「下次再約」的話，可以讓對方對你更感興趣。

蔡氏現象的實用法

蔡氏現象也適合運用在各種商務場合。如果想成功吸引別人的興趣，請務必掌握這些實用知識。

雖然表達方式笨拙，但感受得到他的熱情
太好了

比起做得無懈可擊的簡報，雖然不甚完美，但感受得到熱忱的簡報，反而更能抓住對方的心，成事的機率也高。

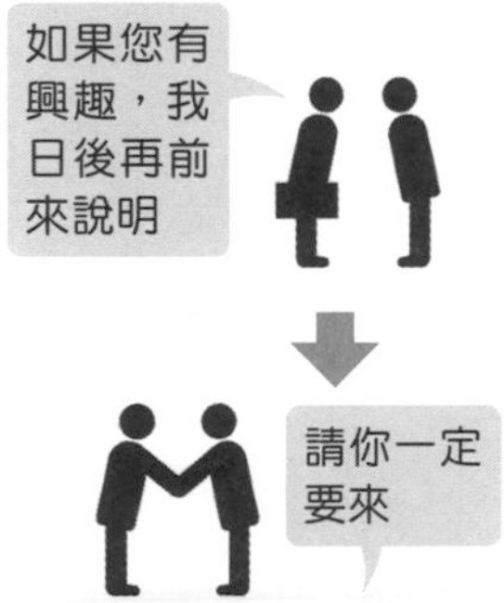
如果您有興趣，我日後再前來說明
請你一定要來

所謂的營業不能一味推銷。有時，懂得見好就收才能引起對方的興趣，讓他想更加了解你要銷售的產品。

還沒告一段落，但還是先休息吧
再回來好好工作吧

在工作告一段落前先停下來休息，會讓人一直掛念著工作，只休息片刻就繼續工作。

什麼樣的人力組合可以防止偷懶？

事先理解人愈多，就愈容易產生「濫竽充數」的心理

接到一個會忙到不可開交的大案子時，身為負責人的你，一定很希望有更多人手，讓專案如期完成。但是根據研究，一個團體的人數愈多，每一個人能夠發揮的力量反而愈少。

上述所言，**已經透過德國的心理學家林格曼的實驗獲得證實，稱為林格曼效應（Ringelmann effect）**。林格曼為了證明這點進行了拔河實驗。

他分別以1對1、2對2、3對3、8對8的人數組合讓受試者進行拔河比賽。結果發現參加的人數愈多，每個人發揮的力量愈少。簡單來說，**一個團體的人數愈多，每個人出的力氣愈少**。換句話說，一味增加人手，對工作效率提升沒有太大的意義。因為人會無意識地心生「即使我不做也有別人做」的想法。

如果希望所有的成員都能使出渾身解數，**正確作法是把所有人分成幾個小組，每個小組的人數不多，而且依組別分派不同的工作**。以少人數的編制讓大家一起工作，會讓每個人都產生責任感，能夠防止有人混水摸魚。

這種情形好比當有人倒臥在大都市的鬧區街頭，可能連一個願意伸出援手的人都沒有，但如果倒臥在人煙罕至的地方，就有人立刻上前救援。這種現象已有心理學進行剖析，原因在於在場的人數愈少，人就會意識到「我非得出手才行」。

人數愈多，人就愈容易偷懶

很多人都以為，要完成一件重大的工作，人手當然是愈多愈好，殊不知人數愈多，偷懶的人也愈多，最後流於認真做事的永遠是那幾個人的局面。

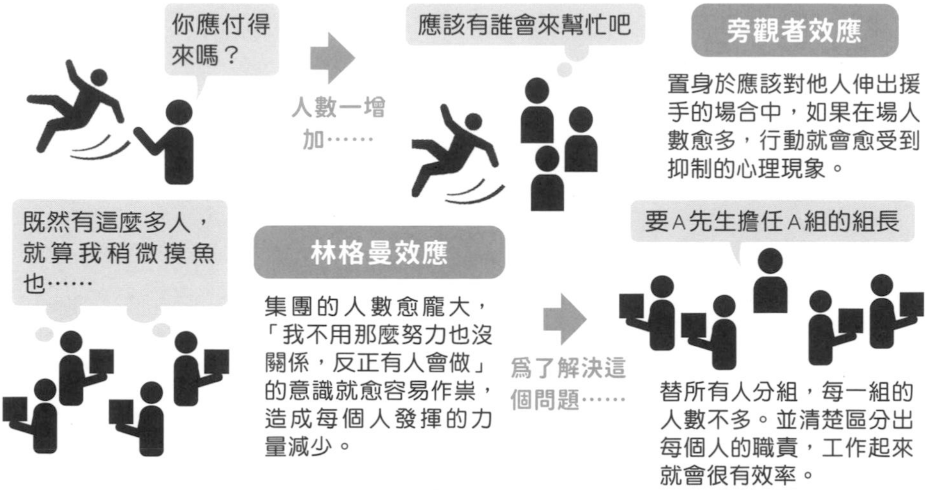
你應付得來嗎？
人數一增加……
應該有誰會來幫忙吧
旁觀者效應
置身於應該對他人伸出援手的場合中，如果在場人數愈多，行動就會愈受到抑制的心理現象。
既然有這麼多人，就算我稍微摸魚也……
林格曼效應
集團的人數愈龐大，「我不用那麼努力也沒關係，反正有人會做」的意識就愈容易作祟，造成每個人發揮的力量減少。
爲了解決這個問題……
要A先生擔任A組的組長
替所有人分組，每一組的人數不多。並清楚區分出每個人的職責，工作起來就會很有效率。

先給予課題，再讓他成爲組員

如果讓歸屬感低的人加入團隊，工作進度很可能會因為他個人的因素而受到耽誤。為了防止這點，必須設有加入的條件。

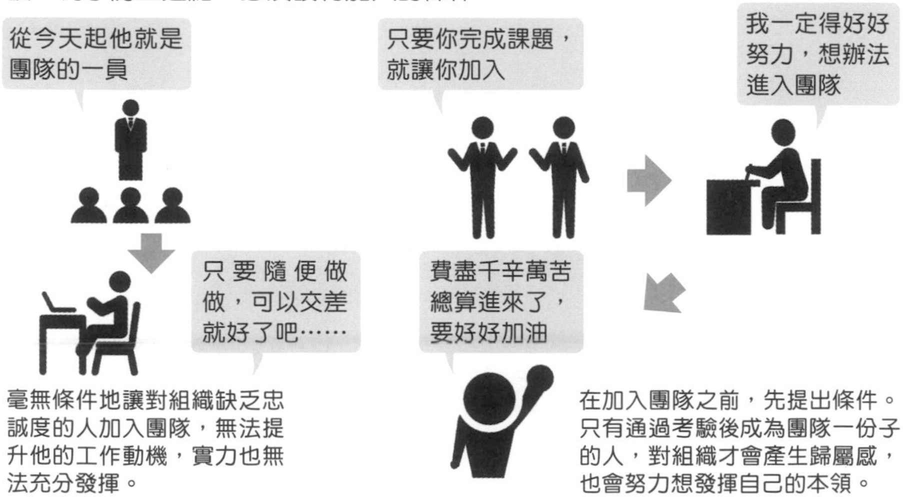
從今天起他就是團隊的一員
只要隨便做做，可以交差就好了吧……
毫無條件地讓對組織缺乏忠誠度的人加入團隊，無法提升他的工作動機，實力也無法充分發揮。
只要你完成課題，就讓你加入
我一定得好好努力，想辦法進入團隊
費盡千辛萬苦總算進來了，要好好加油
在加入團隊之前，先提出條件。只有通過考驗後成為團隊一份子的人，對組織才會產生歸屬感，也會努力想發揮自己的本領。

以主管的訓斥方式判斷其性格

一起坐下來面對面的交談，能夠取得下屬的信賴

相信曾經挨過主管罵的人肯定不在少數。請各位回想一下，當時主管是用什麼樣的態度訓斥你呢？從主管罵人的方式，可以看透他的性格。

如果他讓你站著聽訓，自己卻不動如山地坐在椅子上，**表示該位主管有沉溺於地位的傾向，可能沒有把你視為工作伙伴**。

反之，如果他讓你坐著，而自己站著，採取居高臨下的姿態對你咆哮，**表示他可能是個威權主義者，很在乎上下關係，甚至有可能搶奪下屬功勞**。

如果立場對調，你現在是不時需要訓斥下屬的主管，**請記得讓雙方都坐下來，面對面溝通**。這麼做的你，看起來自信十足，卻不至於在乎地位與權威，而且將下屬視為重要的工作伙伴，即使出了問題也不會推卸責任，一定勇於承擔與保護他們。當然，斥責時，也要留意自己的聲調和語氣。

心理學認為大聲責罵別人的人，是一種強制別人「聽我說！」的表現，但外表的強勢是為了隱藏內心的膽怯，因為他們認為小聲罵人顯得缺乏自信。**最適合的聲音是沉穩偏低的聲調**，如果用這個聲調向下屬說教，相信會增加他對你的信賴。

藉由主管斥責的方式掌握他的性格

當主管罵人時，從他對下屬的態度可以判別他的性格類型。請各位也從主管斥責人的方式，判斷他是有能或無能。

①把下屬叫到自己的座位前，開口罵人的主管

把人叫到自己跟前責罵，是威權主義的象徵。相反地，主動走到下屬座位的主管，大多充滿自信。

②站著罵人的主管（讓下屬坐著）

以居高臨下的姿勢斥責下屬的主管，大多是威權主義的信徒。他們對上級逢迎諂媚，對下屬則表現得強勢、凶悍。

③一起坐下來，對下屬說教的主管

表示他沒有強烈的上司與下屬之分，而是把下屬視為重要的工作伙伴。這類主管大多不會汲汲於地位。

④自己坐著罵人的主管（讓下屬站著）

把自己的存在視為絕對，不把下屬視為工作伙伴。大多屬於話多、牢騷也多的討厭鬼類型。

觀察主管罵人的聲音和方式

主管的性格從他罵人時的音量大小和用字遣詞表露無遺。確認以下幾項特徵，有助於摸清他的個性。

①大聲責備

用大到過分的音量罵人的人，內心渴望自己受到別人的認同，相對地，關於自己談話的內容，其實大多時候都缺乏自信。

②小聲罵人

用小到像竊竊私語般的聲量罵人的人，有兩種可能。第一種是覺得與人交際來往麻煩，第二種是對人的警戒心很強。

③依場合改變聲量

責罵下屬時會扯開嗓子破口大罵，但在上司面前卻像是溫馴的貓咪。這種類型的人對下屬的態度很隨便又沒禮貌，還可能把對方當作出氣筒。

④動不動就說「大家都這麼說」

雖然他說的幾乎是他個人的意見，礙於他無法建立一套理論加以說明，大多時候只好假借虛構中的「眾人」之名，企圖說服下屬。

COLUMN

心理測驗②（第46頁）

「主管正在看你嗎？」的解答

這項心理測驗是基於「自我監控」的概念所設計而成，可以了解你的孤獨程度。所謂的自我監控，就是以客觀的方式觀察與評價自己的行為和給別人的印象。自我監控傾向強烈的人，意味著很在乎別人對自己的看法；傾向薄弱的人則是把自己的感受看得更為重要。

A

你的孤獨感是 60%

你會注意主管的一舉一動。你的自我監控傾向保持在恰到好處，雖然在意，但你心裡的想法是「和我無關」，所以你難免會感到有些孤獨。

B

你的孤獨感是 40%

你在團體中很注意任何的風吹草動，是自我監控傾向強的人。覺得別人的言行舉止和自己有關，理應不會感覺到太深的孤獨感。

C

你的孤獨感是 80%

雖然自我監控的傾向強烈，不過這類型的人認為別人的舉動和自己沒有關係。所以感受到的孤獨感偏高。

D

你的孤獨感是 20%

自我監控的傾向薄弱，不在意別人的一舉一動。把自己想做的事擺在首位，所以孤獨感最低。

PART 4

掌握意中人心緒的戀愛技巧

模仿對方的動作，喚醒他的戀愛細胞

利用鏡像、從眾行為建立親密的關係

各位如果想要擄獲意中人的心，**不妨試試模仿對方的動作**。

比方說，當你看到對方微微一笑，那你也跟著露出笑容。兩個人一起用餐時，若對方拿起飲料，那你也跟著拿起水杯；還有看到對方點頭，你也跟著頷首吧。

如同上述，這種看到對方做什麼，自己也跟著做的行為在心理學上稱為**鏡像效應（Mirroring effect），又稱從眾行為，被視為是一種非語言溝通**。

人會潛意識地模仿自己心儀對象的舉動。

相對地，人也會對和自己做出相同舉動的人懷抱好感，覺得對方喜歡自己或對自己有興趣。

掌握這項心理效果之後，再模仿對方的動作，相信一定能夠讓雙方的心意更加相通。兩人交談時，即使你只是在聽到對方說「這個很好吃耶！」，也跟著回應一句「嗯，真的很好吃」，表現出「我同意你」的感覺，就能明白地揭露你的心意。

重點是要不著痕跡地模仿對方，要是表現得太過刻意，讓對方覺得「我好像遇到怪人了」的話，就偷雞不著蝕把米了。

看到對方模仿自己，會對他產生親密感

如果希望對方對自己產生好感，不妨試著模仿其動作。藉由不著痕跡地模仿，與平易近人的相處方式，牢牢抓緊對方的心。

鏡像效應

和熟人交談時，雙方的表情和動作都會不自覺地變得一致，這種現象在與自己討厭的對象之間很難發生。

做出和我一樣的動作呢！太棒了

做簡報時，如果發現與會者做出和自己一樣的動作，是對方會接受你的提案的徵兆。別忘了在說明時也一邊觀察對方。

試著和對方擺出同樣的姿勢

談話時，以不著痕跡的方式模仿對方的動作和表情。透過鏡像效應，讓對方加深對你的好感。

他在學我！

注意

不著痕跡地模仿是最高原則。如果被對方發現你在模仿他的動作，可能會惹得他不高興，那就適得其反了。所有的動作不可照單全收。

人會迎合周圍的人

當人處於群體之中，不論是有意還是無意，都會努力配合周圍的步調，以免自己看起來格格不入，心理學將之稱為「從眾行為」。

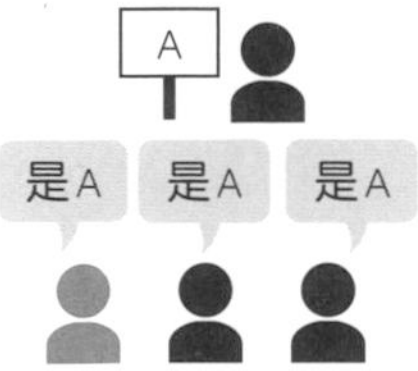
A
是A
是A
是A

根據心理學家阿希的實驗，他在眾人面前提出了簡單的問題。結果發現只要事先安排的助手正確回答，受測者也會做出正確的回答。

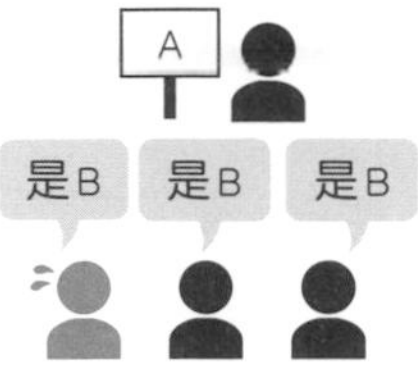
A
是B
是B
是B

當所有事先安排的助手都故意回答錯誤時，受測者也會附和，這種從眾行為稱為「同儕壓力」。

從衆行爲的例子

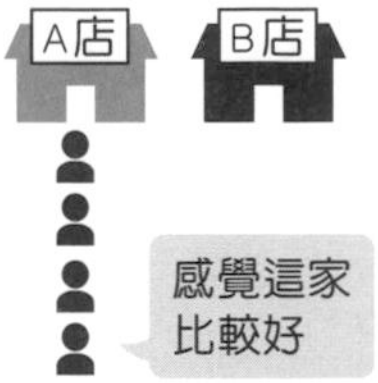
A店
B店
感覺這家比較好

明明不是美食愛好者，但也跟著加入人氣店家的排隊行列。

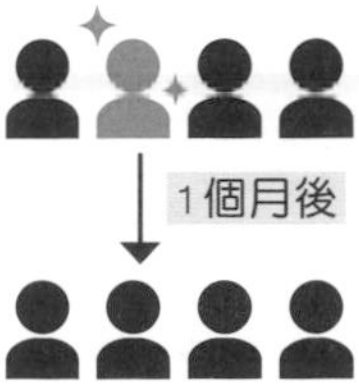
1個月後

在群體中打扮特別突出的新進員工，1個月後，服裝儀容也和同期進公司的同事沒有兩樣了。

先貶後褒的戀愛密技

以衝上最高好感度為目標的心焦技巧活用術

看到理想對象時，用不斷讚美對方的方式來表達自己對他的心意，屬於戀愛的正面進攻法。首先，沒有人聽到有人說自己的好話會不高興，而且被稱讚也等於得到肯定。因此對方容易對你放下戒心，連帶地對你產生好感的機率也會增加。

但是，正面進攻法並非戰無不勝，遇到某些對象也是有吃癟的時候。這時，奉勸各位不妨逆向操作，**試試先貶後褒的心理學技巧，或許能扳回一城**。

舉例而言，先把醜話說在前，像是「你今天的穿搭好像有點出槌？」，然後再緊接稱讚對方「不過，我覺得你是我認識的人當中最時尚的」。

這種人際吸引原則已經由美國的社會心理學家阿隆森和琳達透過實驗證明，稱為**「得失理論」（Gain-loss theory）**。

為了進行實驗，他們讓女性受試者與事先安排的助手進行一對一的談話，以①先褒後貶、②先貶後褒、③不斷讚美、④一味貶抑這4種模式進行檢證。

結果發現這群女性受試者對②的談話對象最有好感，其次是③、④、①。由此可見，先打擊對方，再對他說句令人振奮的話，堪稱一劑足以讓人對你留下深刻印象的強心劑。

故意先貶低再讚美對方

為了讓心儀對象注意到自己的存在，奉承對方確實是有效的方法。但是，當這招失靈時，請各位試著反向操作，先貶低再吹捧對方。

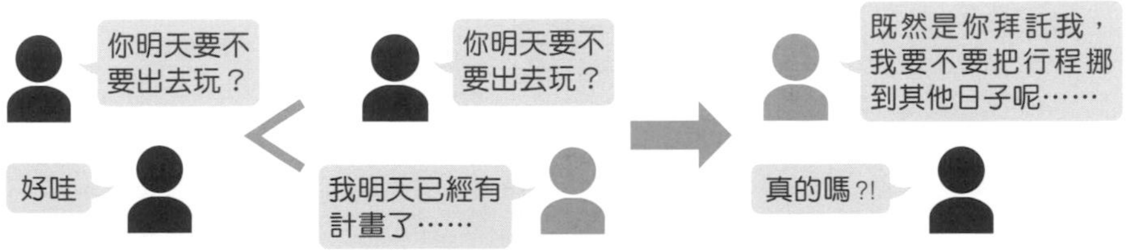
你明天要不要出去玩？
好哇
你明天要不要出去玩？
我明天已經有計畫了……
既然是你拜託我，我要不要把行程挪到其他日子呢……
真的嗎?!

受到別人邀約時，最好一開始先拒絕再接受。簡單一句「既然是你拜託我」，可以讓對方感覺自己獲得特別待遇，心裡也會對認可自己價值的人產生好感，開心的程度也跟著加倍。

阿隆森和琳達的得失理論的實驗

我來替你的魅力程度打分數

心理學者阿隆森和琳達為了調查哪一種讚美方式容易讓人產生好感，進行了實驗。他們讓事先安排的助手分別以4種不同的態度與受試的女學生交談。

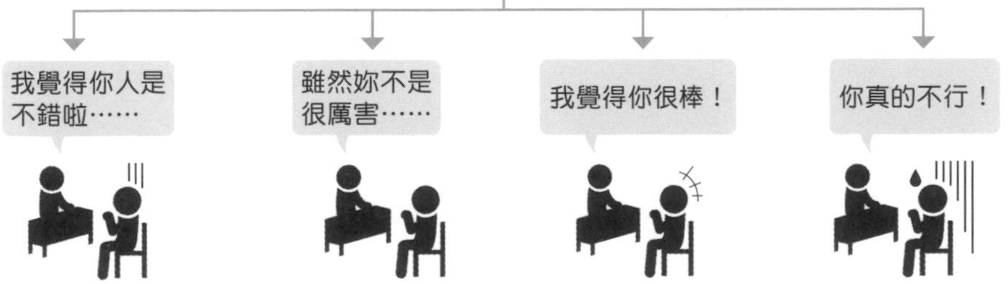
我覺得你人是不錯啦……
雖然妳不是很厲害……
我覺得你很棒！
你真的不行！

①先讚美對方，再貶低對方
一開始先給好評，但否定對方的意向變得愈來愈強。

②先貶低對方再出言讚美
雖然一開始否定對方，但肯定之意逐漸上升。

③一味地讚美
從頭到尾都給好評，壞話一句也沒說。

④不斷地貶低對方
從頭到尾都是負評，連鼓勵和安慰也沒有。

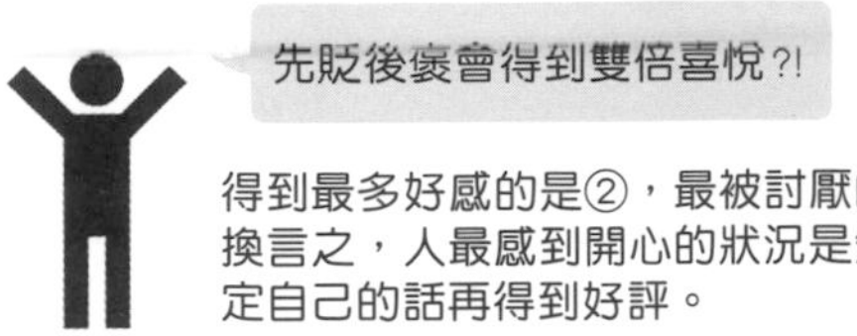
先貶後褒會得到雙倍喜悅?!

結果

得到最多好感的是②，最被討厭的是①。換言之，人最感到開心的狀況是先聽到否定自己的話再得到好評。

戀情從委託萌芽的可能性

消除明明不喜歡，還出手相助的內心矛盾

如果希望心儀對象對自己也抱著同樣的心思，**不妨利用拜託對方幫忙的心理學技巧**。

首先請對方幫忙做些小事，像是「能不能和我一起去挑選要送給客戶的禮物」，如果對方一口答應「沒問題。我和你去」，那你可要好好把握這個機會，說不定能藉此拉近兩人的距離。

原因在於人的內心潛在著對於有求於自己的對象抱持好感的心理。

話說回來，如果是喜歡的人或在自己心目中享有重要地位的人需要幫忙，一般人當然是義不容辭，但如果換成是自己對他並無特殊好感的人，不可能無緣無故幫忙。因此，當人對非心儀對象伸出援手時，行動和內心會相互矛盾。

為了消除這種矛盾，自己會想辦法釋懷，進行自我說服「其實我是喜歡她的，所以才會幫忙」。

這點已經由美國的心理學家傑卡和藍迪透過實驗所證明。**他們把這種企圖消除內心矛盾的作用稱為認知失調理論**。

戀情的萌芽始於主角幫助原本討厭的人，因而日久生情是電影和連續劇常見的橋段。就心理學的角度而言，這是相當合理的劇情安排。

拜託對方幫忙是擄獲芳心的捷徑

心理學家傑卡和藍迪已經透過實驗，證明人會喜歡上接受自己幫忙的對象。若懂得利用這種現象，就有可能擄獲對方的心。

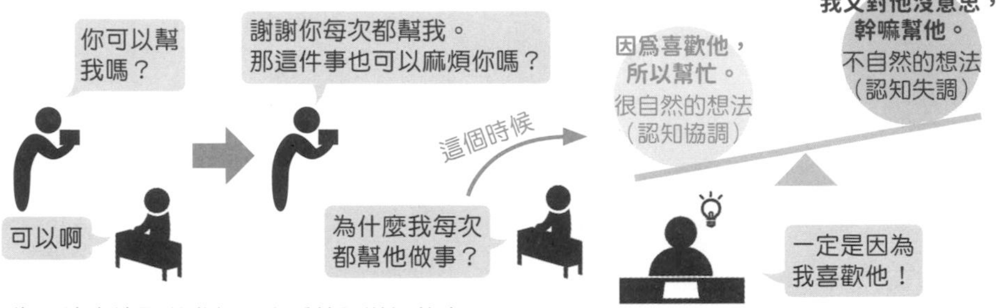

為了讓事情圓滿進行，人手若是增加就方便多了。當你有了中意的對象，請不要猶豫，活用請對方幫忙的技巧吧。

既然討厭他，怎麼可能幫他，一定是對他有意思。為了消除上述的內心矛盾，會產生所謂的認知失調的心理作用（認知失調理論），對拜託自己幫忙的人產生好感。

從難以拒絕的要求發展到親密關係

心理學家萊文傑把原本不認識的兩個人，因為某種契機而逐漸變得親密的過程分成4個階段。第一步就是向對方提出他難以拒絕的請求，製造更多相處的機會。

想辦法製造巧遇的機會，邀對方一起喝咖啡。重點是一開始先向對方提出一些他不好意思拒絕的小要求，隨著次數的增加，讓他已經無法對你說「不」。

隨著拜託次數的增加，兩人的關係也逐漸發生變化

①相互未知階段
彼此為陌生人的狀態。

②單向的認知階段
只有一方了解對方的狀態。

③表面的接觸階段
僅是點頭之交。

④相互接觸的階段
再分為相識階段的低相互作用、朋友階段的中相互作用、密友和戀人階段的高相互作用的狀態。

約會時間一定要在傍晚以後

掌握人在暗處容易意亂情迷的道理

如果要和心儀對象相約吃飯，建議儘量約在晚餐時段而非共進午餐。原因很簡單，因為人在傍晚以後，身心比較不容易維持平衡。

人的精神與身體受到大自然的規律所支配，也就是所謂的身體時刻表。簡單來說，就是日出而作、日落而息。愈接近夜晚，身體的疲態會逐漸顯露，身心因而處於較不穩定的狀態。

想必各位都有過這樣的感受吧，白天時生龍活虎、神采奕奕，但過了傍晚以後，突然覺得內心空虛寂寞，很想找人陪伴。

另外，**據說當人處於黑暗之中，羞恥心和道德心等自我控制的意志也會變得較為薄弱**。

美國的心理學家格根透過實驗證實了這一點。他安排幾位彼此不認識的男女分別置身於光線明亮與光線陰暗的密閉空間。結果發現身處陰暗密室的男女，短時間內便產生肢體碰觸，甚至互相擁抱。這個結果也清楚說明了**戀情萌芽的機率，夜晚高於白天，昏暗的場地優於明亮的地方**。

如果你希望縮短兩人之間的距離，提高親密感，懂得把約會時間訂在傍晚以後無疑是非常重要的。

傍晚以後是最佳的說服時機

據說人的認知、發現力、思考、判斷力等活動能力，基本上在過了傍晚通通都會顯著下降，陷入不穩定的狀態。

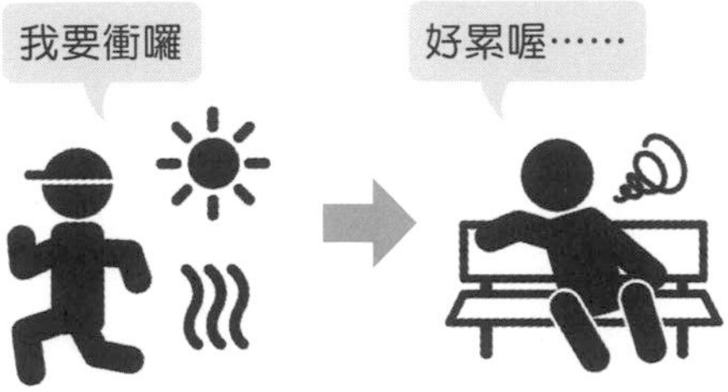
我要衝囉
好累喔……

人體內有一種掌握身心的自然規律，名為身體時刻表。身體時刻表在早晨～白天處於穩定狀態，但過了傍晚之後，身心都會出現疲態，容易出問題。

根據統計，在身體時刻表陷入不穩定狀態的傍晚時刻以後，是交通事故發生頻率最高的時段，由此可見判斷力已經降低。

人到了夜晚會變得大膽

黑暗有蒙蔽羞恥心的效果。心理學家格根透過實驗，證明了當人處於黑暗之中會採取的行動。

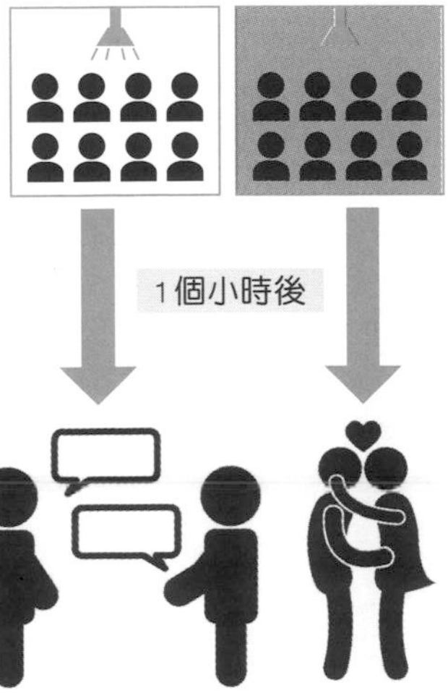
1個小時後

格根的「男女在暗室內的行動」實驗，是將8名男女分為兩組，分別讓他們置身於光線明亮和光線昏暗的密室。

置身於明亮房間的男女正在閒聊，而處於暗室的男女已經轉移陣地到中央，肢體互相觸碰，甚至擁抱。

他看起來更帥了
正合我意

當人處於陰暗中，就能從平常用來壓抑自我的道德觀、常識、羞恥心解脫出來，對欲望失去抵抗力。強烈建議想和意中人變得親密的人，務必把約會訂在傍晚以後。

認真體貼是男性受歡迎的必備條件

對喜歡自己的人抱持好感的心理學理論

個子高、長得帥最受女性歡迎這句話，僅適用於年輕男性。累積了許多人生閱歷的男性，最大的本錢並非外表。既然不是外表，那是什麼呢？答案就是「認真體貼」。

隨時透過電子郵件或簡訊保持聯絡只是基本，回覆訊息的速度要好比光速。女朋友的生日和兩人的交往紀念日也從不遺忘、對女友的喜好和品味當然也要瞭若指掌。**做得到上述每一件事的成熟男性，不論外型帥氣與否，保證一定極受女性歡迎**。

認真體貼有多麼吃得開，在心理學上也已得到實證。個性認真、懂得為人著想的男性，會很坦率地向對方表達好感。**對喜歡自己的人抱持著好感，是人與生俱來的心理本能，稱為好感的互惠性**。

而且，隨著互動的增加，好感會更加深化。「已經上鉤的魚不必餵」是許多男性的通病，但是吃不到餌的魚果真會覺得幸福嗎？

唯有不斷透過稱之為溝通的管道，持續供給名為愛情的營養，棲息在池塘裡的魚才能感受到幸福。建議各位不妨捫心自問，說到認真體貼，自己給自己打幾分。要注意的是，不要表現過頭，以免被當成跟蹤狂。如果發現對方不喜歡自己的所作所為，懂得及時停止很重要。

首先滿足對方的自我肯定欲求

只要是人，誰都希望自己能得到高評價。只要好好運用這種心理，即使沒有傲人的外表，想要吸引對方的目光也不是難事。

完全沒得比

每個人都有與生俱來的才能與資質，即使靠著後天的努力也有無法彌補的時候。但是，察言觀色的能力只要努力就能養成。

我喜歡你

第一步，主動向對方表現出好感。如此一來，除非對方真的很討厭你，否則應該會對你產生一定程度的好感，這種現象就是所謂的「好感的互惠性」。

那個人好像
還不錯呢

之後，要勤與對方聯絡，不斷累積見面的次數。隨著次數增加，對方對你的好感也會逐漸上升，這種現象稱為「屢見效應」。

不論男女老少，每個人都有自我肯定欲求，希望自己能獲得別人的好評。多和對方見面，不斷讚美他，讓對方知道自己對他抱有好感，能夠滿足他的自我肯定欲求。

你今天也好可愛喔

在對方面前表現出認真體貼的態度時，也要記得看場合並維持適當的距離感。如果沒拿捏好分寸，對方可能只會覺得你很煩，那就適得其反了。

煩死人了！

以腳踏實地的行動讓自己成爲受歡迎的男人

如果希望得到意中人的青睞，首先讓自己成為一個懂得察言觀色的人，以不著痕跡的方式向對方展現你的認真體貼，擄獲她的芳心吧！

按時傳送訊息

慶祝值得紀念的日子

很適合你喔

讚美對方的改變，
例如換了新髮型

我很想去這間店耶！

掌握對方對食物的喜好，
挑選她會喜歡的店

幫她拿包包

走在靠近車道的這一邊

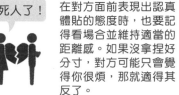

營造出兩人的相遇是命中注定的氛圍，俘虜她的心

活用共通點和配對理論，加深彼此關係

為了讓女性喜歡上自己，重點在於要如何讓她覺得兩人的相遇是命中注定。為了達到這一點，以下向各位推薦一個有效的方法，也就是**積極地在她面前展現兩人擁有的許多共通點**。

任何方面都可以，例如喜歡看的電影和聽的音樂都是同樣的類型、彼此的老家很近。若女性一旦意識到「這個人的想法和價值觀和我很像呢！我和他一定很合得來！」，一股「我倆的相遇是命中注定」的感覺便會油然而生。

據說敏銳察覺這是命運的感性能力，女性優於男性。

另外，人也會對與自己情投意合的人抱有好感。人在潛意識中會尋找外表、性格、價值觀、興趣等與自己處於相同水平的人當作伴侶。

這點在心理學中稱為**配對理論**。如果活用這項理論，**最理想的戀愛對象就是擁有與自己最多共通點的人**。當然，各位心裡所屬的可能是高不可攀的校花級美女，或者家世顯赫、令人難以高攀的女性，但是就心理學的觀點而言，你很有可能會落得一地心碎。

至於是否要投入一場明知會受傷的戀愛，就取決於你自己的選擇了。

該怎麼做才能成爲命定之人？

與對方有共鳴的地方愈多，愈容易覺得他就是命定之人。為了成為對方的命定之人，懂得把握身邊的機會很重要。

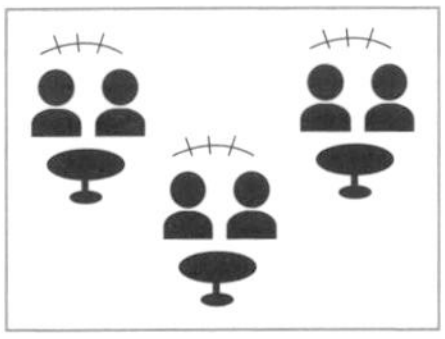

在聚集了許多初次見面的男女的場合下，人一定會坐在自己覺得不錯的對象附近。原因很簡單，因為人一定先和坐在自己附近的人變得熟悉，這種情形稱為接近的要因。

也可以製造機會和心儀對象搭上同一班車。每天早上都搭同班車，互相不知姓名的點頭之交（熟悉的陌生人），其實大部分都對彼此感興趣。若能製造某種契機，讓雙方打破沉默，或許就會產生命中注定的感覺。

一樣的興趣／喜歡同一本書／喜歡的音樂也一樣／喜歡的電影也一樣／想法很相似／住得很近

我們竟然有這麼多共通點，
相遇可能是命運的安排

為了讓對方喜歡上自己，首先要讓對方看到雙方具備許多共通點。只要雙方的共通點愈多，對方也愈有可能把你視為真命天子（女）。

人追求的是與自己契合的對象

人會選擇在各方面都與自己相配的對象。不光是性格，也會追求個性、價值觀、興趣等具備與自己有共通要素的對象。

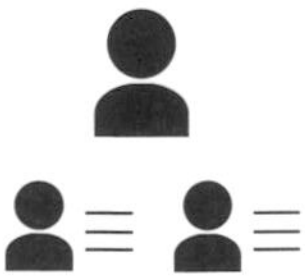

實驗內容是站在人來人往的熱鬧地方，觀察行人的行動。站著的人共分為4類：①一位男性、②一位女性、③兩位男性、④男女各一位。

結果，行人經過時，距離最靠近的是②，其次是①，接著是③，最後是④。②如果是外型極為出色的美女，行人經過時，會刻意保持一段距離。由此可見，人遇到與自己天差地遠的優秀人物時，會出於下意識地敬而遠之。

我是K
大畢業
我是K
大畢業
我是Y
大畢業
我也是耶！
這樣啊！

配對理論

人會對外表和體態上散發出的魅力與自己相襯的對象產生好感。

從入座的位置判別親密度

巧妙利用心理學，避免人際關係出現鴻溝

在人際關係的經營中，親密度是其中很重要的一環。以下為各位介紹的親密度辨識指南，不僅適用於戀愛，也可以用於家庭、職場、交友圈等，看看你和其他人的親密程度。

當兩個人同桌而坐，對方會選擇坐在哪裡呢？如果他和你坐的位置隔著桌角呈90度，通常對你懷有好感。

另外，如果兩個人選擇坐在隔壁，表示親密度很高。不是彼此懷有好感，就是樂於一起用餐或工作的關係。至於面對面坐著，雖然是最常見的坐法，但在某些場合，有可能潛藏著對立和競爭的心理。另外，如果呈斜對角入坐，表示對方對你可能抱著漠不關心、不滿、憤怒等負面情感。

人與人之間的親密度，雖然會隨著時間的推移產生變化，**問題是男性不但不容易察覺雙方之間的親密度已經生變，還以為幾乎永遠不會改變。**好比結婚之後，大多數男性對太太的愛情表現都會縮水，便是基於上述的心理。但如此一來，夫妻間的親密度只會每況愈下，鴻溝也日益加深。更遺憾的是，這道鴻溝一旦造成就無法填補了。

是的，**聰明的各位想必已經知道，重點是在鴻溝產生之前就要進行微調。**最後，請大家務必好好利用心理學，讓自己建立更圓滿的人際關係。

從對方選的位置掌握好感度

人的深層心理會表現在一些不經意的小動作。只要你好好觀察對方的行動，便不難推測出對方的心理狀態。

兩人交談時，
對方坐在哪裡呢？

①和自己呈90度角面對而坐
對方對你抱持親近感，希望能在放鬆狀態下與你談話。

②坐在旁邊
如果對方是異性，可能對你有好感；如果是同性，可能是想幫你忙，一起完成某件事。

③坐在正對面
這是與人辯論或對立的姿勢，或許對方對你懷有敵意。

④坐在自己的斜對角
這是兩人各自進行手邊工作的坐法，雙方的內心距離應該頗遙遠。

從他選的位置也可以掌握他的性格

不論公私場合，在咖啡店稍作停留時，從一個人入座的位置，可以大致解讀他的性格和傾向。

①選擇接近店面中間的位置
自我顯示欲強烈的類型。很可能是以自我為本位的人，對其他人漠不關心。

②靠裡面坐
優柔寡斷的類型。不想和人有太多瓜葛。行事低調，希望不要受到別人的注意。

③選擇靠牆壁，並且面對牆壁的位子
希望盡可能處身在不被人發現的地方，避免受到打擾，是性格最內向的類型。

④選擇靠牆，背對著牆壁的位子
雖然不希望和人有太多來往，但還是有幾分想掌握大局的掌控欲。

包容對方的焦慮情緒可以提升他對你的信賴感

一味傾聽，讓對方從壓力中解脫

當身邊的女性感到焦躁不安，或者為了某事而煩惱，你是否曾想過要探究她焦躁的原因是什麼？是否曾和她討論該如何解決煩惱呢？

不論前者還是後者，答案都是NG。遇到這種情況時，**你該做的就是全力傾聽**。就算自己有話想說也請按捺下來，**貫徹只聽不說才是最佳的作法**。

人覺得有壓力時，就會想向別人傾訴以減輕壓力。尤其女性這樣的傾向更為明顯，心理學把這種減輕壓力的方法稱為**「談話療法」**。

為了讓談話療法發揮最大的效果，最重要的原則是傾聽者要盡可能包容訴說者，並且給予善意的回應，像是「原來你遇到這種事啊，真是辛苦你了」「我知道你的心情有多苦」，**讓他知道你也感同身受**。絕對不可潑對方冷水，講出「其實是你自己的問題吧？」「我覺得你的想法有問題」等帶有責怪或否定對方的話，即使講的是事實也一樣。

因為你願意專心傾聽，**女性會覺得你讓人很有安全感，連帶也會更願意相信你**。如果想給對方意見，建議你最好等到她的心情平靜下來，再委婉地告訴她。

男女解決問題的方法不一樣

和異性交談時，有時候會出現雞同鴨講的情形。原因並不是你們個性不合，只是談話的目的不同罷了。

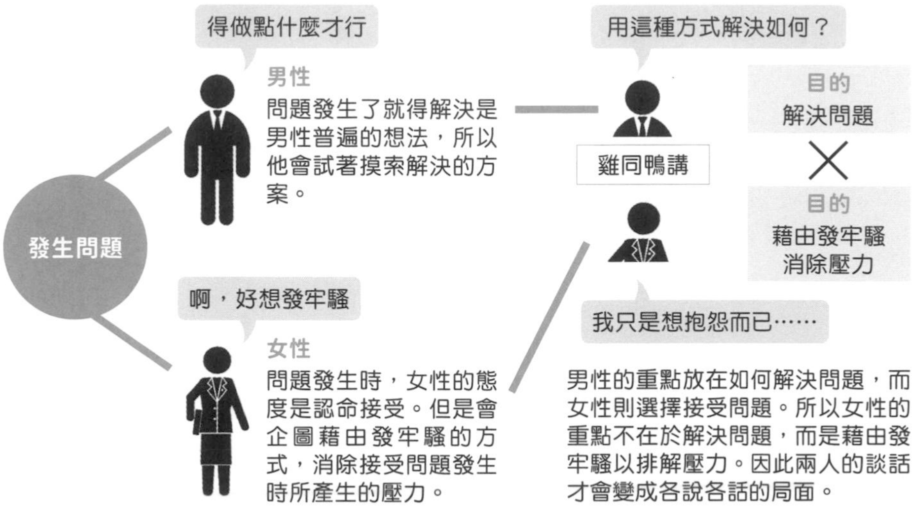
得做點什麼才行
男性
問題發生了就得解決是男性普遍的想法，所以他會試著摸索解決的方案。
發生問題
啊，好想發牢騷
女性
問題發生時，女性的態度是認命接受。但是會企圖藉由發牢騷的方式，消除接受問題發生時所產生的壓力。
用這種方式解決如何？
雞同鴨講
目的
解決問題
目的
藉由發牢騷消除壓力
我只是想抱怨而已……
男性的重點放在如何解決問題，而女性則選擇接受問題。所以女性的重點不在於解決問題，而是藉由發牢騷以排解壓力。因此兩人的談話才會變成各說各話的局面。

壓抑回話的衝動，專心聆聽

男女的本質不同，所以遇到問題時的應對之道也不一樣。要注意的是有建設性的意見有時不是最重要的。

女
你很煩耶！
男
我只是想給你一點建議……
雖然想給建議，但請忍耐別講話
嗯哼嗯哼
女
你覺得該怎麼做才能解決問題？
男
總算問了

面對苦惱、發怒、焦慮的女性時，如果沒拿捏好說話的分寸，有可能造成火上加油的反效果。

這個時候，先克制想給建議的衝動，專心聽對方說話。戴上善於傾聽的面具是最好的作法。

等到女性暢所欲言之後，如果她想徵詢對方的意見，就會主動開口。想給她建議的話，就在這個時候提出。

成功率較高的最佳告白時機

在失去自信時產生愛戀之心的心理

即使你現在有喜歡的人，恨不得能夠趕快告白，也請你千萬不要衝動。因為選擇正確的時機，是掌握告白成功與否的重要關鍵。

所謂的絕佳時機就是在對方失意難過、失去自信的時候。

或許有人會覺得不以為然，心想「我怎麼可能在這種時候趁虛而入」，但是在心理學的世界中，當一個人的自我評價愈低，就愈有可能對喜歡自己的人感到心動，這點稱為**「低自尊與好感理論」**，由美國的心理學家霍斯特透過實驗所證明。

她把參加實驗的女學生們分為兩組，告訴她們要進行性格測驗。在解釋結果時，她給予其中一組會讓她們自信提升的高評價，而另一組則是會使自信下降的低評價。接著再安排一位帥氣的男性，向女學生們提出是否願意與他約會的邀請。結果，答應約會的女學生比例以低自尊組居多。

如果你喜歡的人剛好處於低潮，對自己缺乏自信，這時就是向他告白的最佳時機。選在這個時候送暖，讓他知道自己對你而言是如此重要的存在，應該也能助他早日走出陰霾。

對方在什麼時候最容易接受你？

最佳的告白時機是何時呢？心理學家霍斯特透過實驗，證實了自我評價的高低，對是否接受別人的追求會有何種變化。

霍斯特的低自尊與好感理論的實驗

參加試驗的女學生接受人格測驗後，被叫進房間。接著，有一位帥氣、充滿魅力的男學生走進房間，與女學生閒聊。最後，這位男性向女學生提出約會的邀請。

男學生離開房間後，工作人員把性格測驗的結果交給女學生。

太棒了！

請獲得高評價並充滿自信的女學生，填寫自己對那位充滿魅力的男學生的好感度。

糟透了……

請獲得低評價並喪失自信的女學生，填寫自己對那位充滿魅力的男學生的好感度。

你覺得那位
男性如何？

結果……

相較於自我評價得到提升的女學生，自我評價降低的女學生對帥氣的男學生更懷有好感。由此證明人的自我評價愈低（低自尊），就容易被喜歡自己的人吸引，這種心理稱為低自尊與好感理論。

我好希望有人愛我！

親合欲求

得到別人喜歡和愛慕的欲求。自我評價低落時，此需求會上升。

一般場合

我喜歡你
很抱歉

當對方陷入低潮時

我喜歡你
我也喜歡你

在對方失意時向他告白

失戀、失業或生病時，會使人的自尊心降低。一個人自尊心愈低的時候，愈有可能喜歡上別人。因此，當對方不如意的時候，就是你向他告白的最佳時機。

讓對方甘心花錢的小絕招

如何讓他脫口而出「我買給你！」的心理學技巧

和女性一起吃飯時，男性是不是覺得自己買單是天經地義的事呢？即使如此，相信有時也會出現「真希望她偶爾也請客啊」的想法。

事實上，女性的想法是「真不好意思，每次都讓男方破費。該怎麼回禮好呢」。為了消除彼此內心的不痛快，建議多花點心思讓女性心甘情願地掏錢付帳。

各位不妨回想看過的電影和連續劇中，女性依偎著男性，雙眼凝視著他，指著寶石對他說：「我好想要喔」的畫面。只憑這句話，男性就爽快答應了。線索就藏在這一幕，**這一幕展現了說服的關鍵之一，也就是愈靠近對方，說服效果愈好的心理**。

建議男性朋友們，如果下次在約會途中看到中意的東西，不妨試著突然靠近女友，告訴她「我想買這個」。如果對方很爽快地答應「沒問題，偶爾也換我買東西送你！」那就恭喜你了。當然，一開始先從不會讓對方破費太多的東西試水溫。

如果是夫妻之間，先生可以小聲地向太太說「我好想要這支手錶」，幾天後再老調重彈，說不定原本說「不行！」的太太，態度也會軟化，改口說「你要買就買吧」。**這招之所以奏效，原因是利用了所謂的睡眠者效應，這是一種隨著時間推移，人已經忘記訊息來源，只保留對內容的模糊記憶的心理現象**。

讓對方爽快買單的心理學技巧

死纏爛打是說服對方的方法之一，深諳此道的人可以在不知不覺中實踐這項技巧。接著請各位看看究竟是怎麼樣的方法，能夠讓對方心甘情願地掏錢買單。

欸、拜託啦

接近對方好說歹說

靠近對方再說出自己的要求，會使對方沒有招架之力。心理學已經證實離對方愈近，說服效果愈好。

那我選這個可以嗎？

一開始要求買貴的

先要求價格高的，如果被拒絕就退而求其次，改成較便宜的。屬於對比效應的應用，意即透過對比以改變印象。

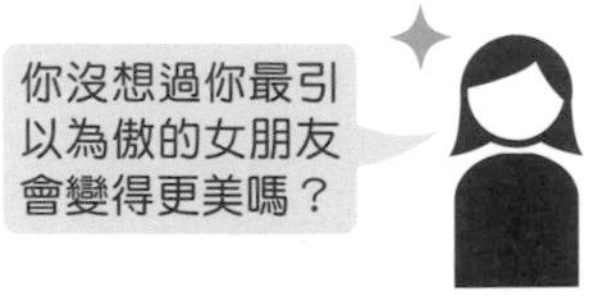
你沒想過你最引
以為傲的女朋友
會變得更美嗎？

以「你也與有榮焉」作爲訴求

瞄準對方的沾光欲求，以「你帶著穿得這麼美的女朋友走在一起，難道不覺得很有面子嗎」等說詞說服對方。

利用睡眠者效應成功說服

這是男女都適用的說服方法之一，而且效果顯著。只要利用這種心理作用，就可能逐漸讓對方改變心意。

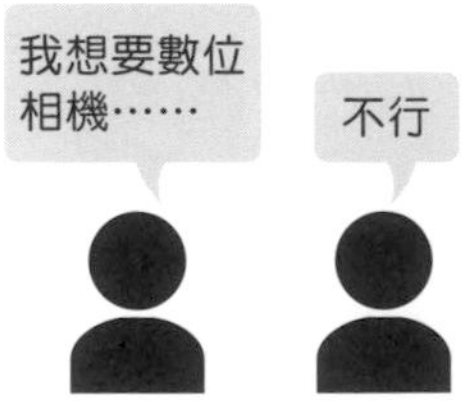
我想要數位
相機……
不行

先生向太太提出自己想要數位相機的要求，但是一開始被太太拒絕了。

好想用新相機
拍照啊……

於是先生放棄單刀直入的方式，改以拐彎抹角的說詞，例如「好想用數位相機在小寶的運動會替她拍照喔」。一個星期後又重提這個話題。

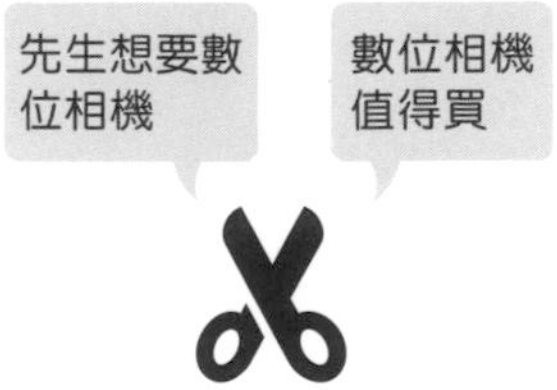
先生想要數
位相機
數位相機
值得買

到頭來，太太已經記不得「先生很想買」這件事，只覺得「買一台數位相機也不錯」。

如同上述，隨著時間推移，訊息來源和訊息內容已被切割，所以太太甚至會以為自己也覺得數位相機值得買一台。

讓出錢買相機的人嘗到一點甜頭，例如全家一起觀賞用新買的數位相機在孩子運動會拍的影片等，日後若還有類似要求，獲得同意的機率就比較大，這點很重要，切記。

避免兩敗俱傷的分手方式

讓對方看到你對他的顧慮，避免憎恨與埋怨產生

當你發現自己已經不想再和現在交往的對象見面時，你會怎麼讓對方知道呢？你會直接說「我已經不想和你見面了」「我不喜歡你了，我們分手吧」嗎？

用這種方式溝通只會兩敗俱傷。**對方的自尊心會受到傷害，感到沮喪、憤怒，甚至對你產生怨懟之意。**即使雙方已分手一段時間，對方還是會不斷沉溺在負面情緒中。

主動提出分手的你，說不定也會飽受「聽說他是負心漢」等流言之苦，在公司和朋友圈之間的評價也會受到打擊。

避免用這種直接了當的方式和對方分手，就不會導致雙輸的局面。**重點是你必須強調你是為她好**，不論你的理由是「我覺得你的人生沒有我會比較好」「我不想再增加你的負擔了」，總之你要讓對方知道，自己是為她著想才決定分手。

最大的重點是，你千萬別忘了以「我絕對不是變得討厭你」作為前提。如此一來，對方就能自我說服「這種理由我就認了，我們兩個都沒有錯」，慢慢接受分手的事實。

在不傷對方自尊的情況下和平分手，也是為了讓她不至於對愛情完全失去憧憬，在養精蓄銳後，仍願意敞開心扉迎接新戀情。如此一來，你也多少能減輕一些罪惡感。

不適合直接了當告訴對方你要分手的理由

「說實話」在這個世上並不是隨時都行得通。直接了當地告訴對方你要分手，可能會造成意想不到的傷害。

我對你失去熱情了，我們分手吧

優點

說完像放下心中的大石頭
不勉強自己說謊，坦然說出真心話後，會得到如釋重負的輕鬆感。

對方能夠從失意中振作起來
對方雖然一度陷入低潮，並由愛轉恨，但這也化成為尋找新戀情的動力。

缺點

對方會受到傷害
因為對方的自尊心受到傷害，對說話者可能因此由愛生恨，出現攻擊性的行為。

自己的評價變差
在暢所欲言之前沒有想過對方的心情，所以大家對你的印象可能因此變差。

分手的時候，要保護自己也要保護對方

想要和對方提出分手時，不能只考慮到自己的心情，建議準備讓對方也能接受的理由，把保護自己也要保護對方當作最高原則。

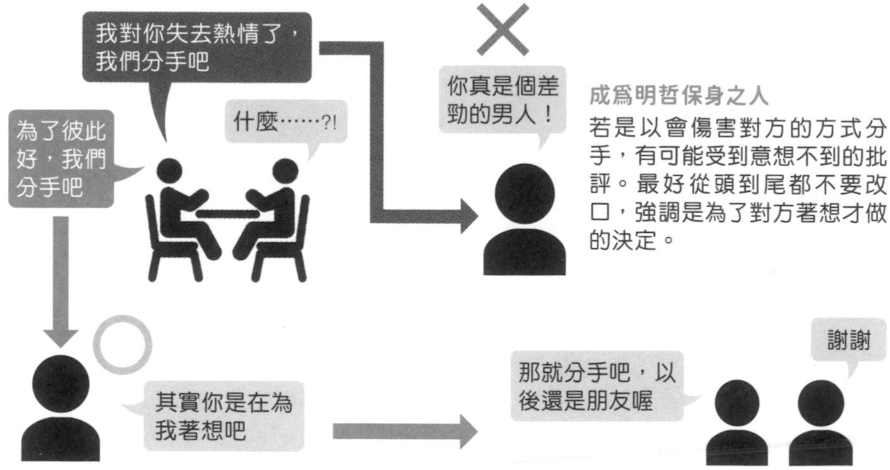
我對你失去熱情了，我們分手吧
什麼……?!
為了彼此好，我們分手吧
你真是個差勁的男人！
其實你是在為我著想吧
那就分手吧，以後還是朋友喔
謝謝

成爲明哲保身之人
若是以會傷害對方的方式分手，有可能受到意想不到的批評。最好從頭到尾都不要改口，強調是為了對方著想才做的決定。

以「都是為了彼此好」當作分手的理由，讓被告知要分手的一方，能夠把這個理由合理化（正當化），接受分手的事實。

對方比較能夠接受
讓對方看到你對他的體貼與顧慮，除了讓他比較容易接受分手的事實，後續也不容易衍生出更多麻煩。

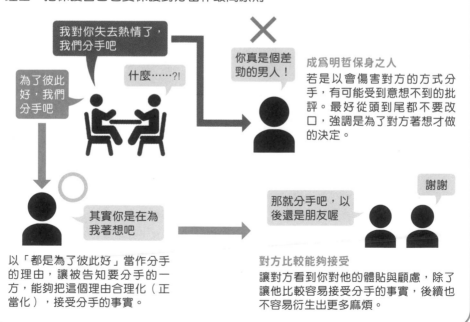

讓戀情長長久久的心理學定律

尋找和自己類似或互補的類型

鼓起勇氣和心儀對象告白後，兩人順利交往。但交往之後，卻發現對方不是自己的真命天子（女）。如果你的感情關係一再遇到這樣的情況，建議你回想一下，所交往過的對象是不是個性都與自己相似。

美國的心理學家艾倫・伯斯德等人，提出了**相似的人容易互相吸引的理論，並將之命名為配對假說**。舉例而言，擁有同樣的興趣、想法相似等共同之處很多的兩個人，容易對彼此產生親密感，進而發展成情侶關係。

這種情況在心理學中稱為**相似定律**。意即價值觀相似的兩個人，應該能夠建立穩定且雙方都能滿足的戀愛關係。

不過，有些人剛好相反。他們會被具備自己沒有的魅力，或者能彌補自身不足的對象所吸引。這種現象稱為**互補定律**，被視為是人在選擇結婚對象和人生伴侶時最重要的關鍵。

例如，內向的人會被外向的人吸引，做事粗枝大葉的人會被個性一絲不苟的人吸引，或許他們需要的就是一位能夠互相扶持的伴侶吧。

那麼，現在吸引你的對象，屬於上述的哪一種類型呢？

如何尋覓能夠常相左右的伴侶？

為了找到終生伴侶，首先必須知道人會如何選定戀愛對象。

配對理論

心理學家艾倫·伯斯德等人提出的理論，主張人傾向選擇與自己具備相似特質的人作為戀愛對象。因為會排斥魅力遜於自己的對象，最後只和個性相似的人成為伴侶。

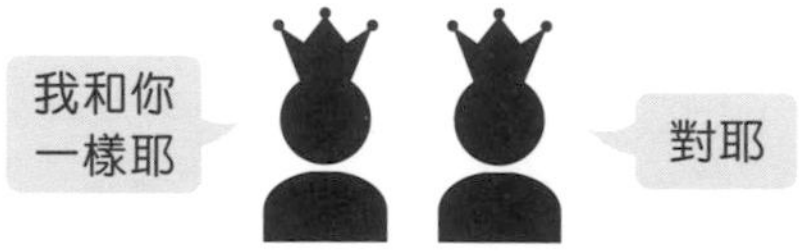
我和你
一樣耶
對耶

相似定律

初識時彼此都還不熟悉對方，所以只要發現共通點就倍感親切的定律。彼此在對方身上找到共通點的兩個人，容易發展為戀愛關係。

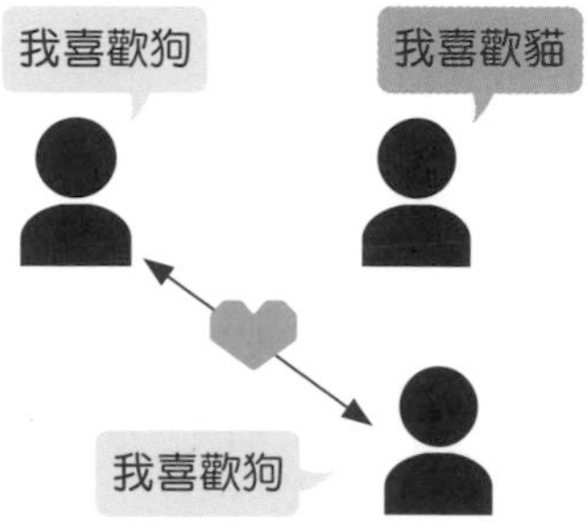
我喜歡狗
我喜歡貓
我喜歡狗

創造過程的4個階段

心理學家格雷厄姆華萊斯提出的理論，主張創作的過程分為4個階段。選擇結婚對象時，別忘了確認自己處於哪一個階段，再決定終生大事。

①準備期

想辦法增加認識異性的機會，多參加聚餐和聯誼活動，讓愛情有更多萌芽的契機。

②醞釀期

隨著約會次數的累積，雙方對彼此也有更深的認識。

③豁朗期

心裡突然產生篤定感，確信對方就是自己要結婚的對象。

④驗證期

介紹對方給自己的家人和朋友認識，從他們的反應，確認自己的決定是否正確。

COLUMN

心理測驗③
「試著拿本雜誌走幾圈」

你手邊有沒有雜誌呢？
請隨便拿起一本雜誌，
開始走路。什麼都不要
想，專心步行5分鐘。
5分鐘過後，保持現在
的姿勢停下來。

那麼，你現在以什麼方式拿著這本雜誌呢？

A 把雜誌抱在胸前

B 把雜誌捲成筒狀或摺起來，單手拿著。

C 用手拿著雜誌或夾在腋下

D 一頁一頁地翻著雜誌

心理測驗的解說在第110頁。

PART 5

以身體的動作和小習慣掌握內心想法和性格

「手部透漏的訊息和講出來的話一樣多」是真的嗎？

藉由手部的動作可以窺視內心

不論是肢體語言還是手勢，東方人在運用上都沒有歐美人誇張豐富。即使如此，**從一些不經意的小動作還是可以窺見內心情緒**，並且是放諸四海皆準的吧。

之所以這麼說是基於**心手相通**的前提。**如果有人在講話時，不讓別人看到自己的手部和手臂動作，表示他不希望自己的內心被別人看見。緊緊握拳的人，表示自己不想說話、也不想聽別人說話。**

一般人平常的狀態是輕輕握拳。把手放在桌上張開、伸展手臂，或者露出掌心時，**表示這個人現在的狀態很放鬆，內心也是開放狀態**，願意接納別人。

雙手交叉抱在胸前，以及用手指敲桌子，都是帶有**雙重意義**的動作。一種是表示心情平穩，有興趣聽對方說話，另一種則意味著陷入焦慮和表示拒絕，所以需要配合表情和手部以外的動作一起判斷。

不相信對方講的話、企圖說謊或想打哈哈蒙混過關時，**很多人常常從鼻子一路摸到下巴**。如果看到對方老是看手錶或摸著手錶，表示他很緊張或是想要結束談話。

手才是心情的最佳代言人

大家都知道，歐美人對話時，經常使用誇張的手勢和肢體動作，其實除了有意識要做的動作，有時內心的反應也會表現在手部動作上。

①用手指敲桌子

表示焦慮、緊張、拒絕。這是為了壓抑不滿的行為，大多出現在為了掩飾內心真正想法時。

②雙手交叉抱胸

拒絕別人進入自我領域的姿勢。然而，若是雙手拍胸並笑著附和時，反而是有興趣的意思。

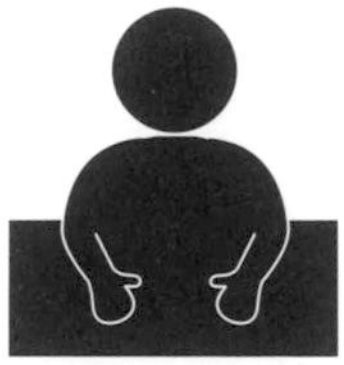

③把手張開放在桌子上

表示心情放鬆，或是對對方有興趣。如果緊握拳頭，則是在說「No」，表示不想聽對方說話。

④把手放在額頭

內心感到迷惘，不知道該不該信賴對方。如果把手放在鼻子上，表示他很懷疑對方講話的真實性。

⑤把手藏起來

表示拒絕對方接近自己，以及在兩人單獨談話等場合，不希望自己的心情被對方察覺。

⑥用手遮住嘴巴

表現有話想說卻不說（無法說）的心理狀態。有口難言的原因包括對方可能是長輩或主管，或是顧忌到對方的立場。

⑦摸手錶

說話時一邊摸手錶的動作，是為了掩飾內心的緊張。遇到這種情況下，記得用能夠讓對方放鬆的方式講話。

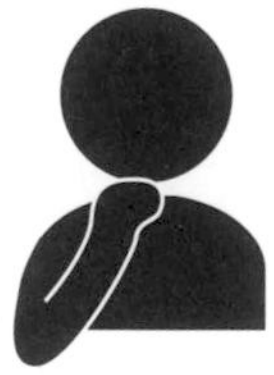

⑧摸下巴

這是受到對方攻擊時的防禦姿態。另外，在說謊和慎重發言時，也經常會出現這個動作。

「眉目傳情勝於口」這句俗諺的根據

人看到喜歡的事物時，瞳孔會自然放大

即使不搬出心理學的大道理，日常生活中有許多我們靠著經驗得知、已經習慣成自然的現象。例如**「眉目傳情勝於口」**這句日本俗諺所提及的，便是身邊常見的現象。

據說，人看到喜歡的事物時，瞳孔會自然張開。**「眼睛都亮了起來」**是用來形容人看到有興趣和快樂事物的反應，但是，其實這句話並不只是修辭的手法。

話說回來，對視的意思是對方也在看你，也就是對你有興趣或好感。一般來說，對方如果不看著你的眼睛，只要眼神與你正面接觸就立刻移開目光，表示他不是很緊張，就是有抗拒感。

若懂得好好利用這一點，那麼**只要看著對方的眼睛，就可以向他傳達：「我對你說的話有興趣」「我對你有好感」的訊息**。

不過，凝視對方的時間過長，或是投射的目光過於熱烈，有可能會讓對方有壓迫感。另外，次數過多的話，可能也會造成對方不悅，誤以為自己成為你偷窺的對象。**切記要保持自然，而且要用柔和的目光看著對方，嘴角也要保持上揚**，此也為能否順利向對方表達好感的訣竅。

從視線移動的方向識破對方的謊話

回答問題時，視線移動的方向會因使用的思考模式種類而改變。因此只要仔細觀察對方的視線移動，要看穿他的謊言並非難事。

①視線朝右上移動

正在想像至今為止沒看過的光景，打算要說謊。

②視線朝左上移動

想起過去的體驗、以前看過的景象。最常發生於被人問到以前的事時。

③視線往右下移動

感受到疼痛等身體的感覺。表示問題的內容會讓人聯想到疼痛。

④視線往左下移動

與音樂、聲音等聽覺體驗有關。正在解讀聽到的聲音所代表的形象。

（※左撇子有可能出現和右撇子剛好相反的情況）

以眼睛掌握對方的類型

從眼睛可看出一個人的思緒。只要觀察眼睛的動作，就有可能知道他是哪一種類型的人。

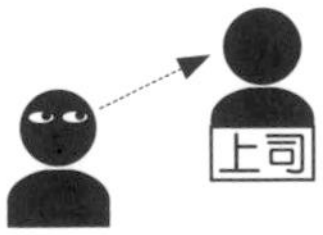

①動不動就看著上司的人

不時抬起頭來看著對方的人，表示他很在意對方。但如果只看著主管，對下屬卻一眼也不瞧，表示他很可能是容易屈服於權威的類型。

②埋首於手邊的資料，頭都不抬起來的人

除了有可能是喜歡按照自己步調做事的人，也可能是想要在對方出言反對前，搶先提出自我主張，希望握有主導權的人。

③稍微瞄一眼對方，視線的高度大約只到領帶的人

這類型的人可能很重視靈感和直覺。傾向以第一印象判斷對方的性格，所以和別人交談時常覺得話不投機。

④眼神總是飄忽不定的人

原因在於這類型的人在與人交談時，常常進行跳躍性思考。頭腦反應快，大多從事富有創造性的工作。

值得注意的各種嘴部小動作

臉下半部的緊張
反映的是內心的緊張

嘴巴和手一樣，如果呈現緊閉狀態，表示內心很可能也是封閉的，而且與他接觸的對象也有同樣的感覺。

雖然人不講話的時候嘴巴當然是閉起來，但如果抿得太緊，或是將下巴縮起，一臉咬牙切齒的樣子，恐怕人人看了都要退避三舍。一**般而言，當一個人的臉部下半部呈現僵硬緊張的狀態時，表示他正在說「NO」。**

張嘴大笑或是因為說錯話而吐舌頭，都是只有在能夠與之坦誠相見的對象面前才有的舉動。另外，在對方面前舔嘴唇，表示對他有興趣。不過，也有可能是因為緊張而口乾舌燥，那又另當別論了。

另外，舔嘴唇通常被視為不入流的動作，所以在洽商場合，或者要與交情不深的人見面時，最好提醒自己不要做這個動作。

說到表情給人的印象，並不是靠單一的五官決定。嘴巴和眼睛與手一樣，同樣洩漏了許多內心的祕密，**不過各位也別忘了，所謂的印象是由所有的部分組合而成。**

對話時也要注意對方的嘴部動作

對話時，對方的嘴部動作也透漏了許多心底的想法。為了解讀對方的心理，除了手和眼睛，也別忘了留意嘴部。

一般而言，臉的下半部呈現緊張狀態時，表示他在說「NO」。除了手部和眼睛，也留意嘴部動作的話，就有很高機率可以解讀對方的心理。

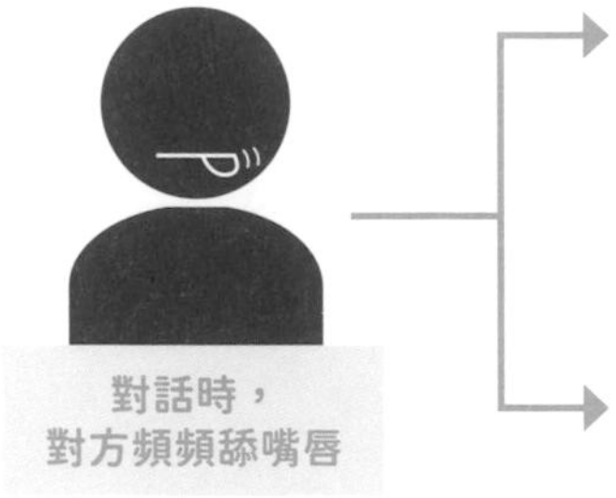

可能性之1

舔嘴唇是一個人被某些人事物吸引的證據，對方很可能對自己講的話感興趣。

可能性之2

對方因為緊張而口乾舌燥，所以為了滋潤嘴唇而舔。

從嘴部可掌握的心理狀態

正如我們敢在自己全心信賴的人面前毫無形象地開懷大笑，內心的起伏也會反映在嘴部的動作上。以下一起看看各種暗示著心理狀態的嘴部動作吧。

①把嘴唇抿得很緊

表示不想聽對方說話，或者是對他沒有好感。

②把嘴巴嘟起來

可能是聽了對方的話覺得不高興，或者是無法向他坦誠。

③用舌頭頂住臉頰內側

人聽到自己不想聽到的話時，會做出讓下巴肌肉變得緊張的動作。

④抬起下巴，咬緊牙根

聽到不想聽的話時會表現的動作，表示心情不悅。

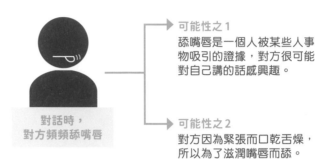

從頭部的動作可以解讀的事

即使是一個簡單的點頭，也隱藏著各種不同的情緒

除了臉部表情，**頭部的動作也是解讀心理狀態的來源**。同時，**若懂得運用頭部動作，也較為容易控制你希望對方留下何種印象**。

面對對方時，把頭往後仰，會讓對方感到有壓迫感，或覺得你一副高高在上的樣子。相反地，如果保持前傾姿勢，傳達出來的訊息是你有興趣或有意願。一樣是往前傾，但稍微歪向一邊，有可能是難以苟同對方的意見，或者是覺得無聊。除此之外，如果看到對方托腮，表示他可能並不重視和他談話的對象。

如果適度地抬起下巴，這個動作可以讓自己看起來認真勤勉，但如果過了頭，就會變成狗眼看人低，帶有耍威風和反駁對方的意思。

點頭的方式會表現出內心的狀態，也會改變對方對你的印象。看準時機探出身體，像是在附和對方一樣點點頭，會是最好的溝通方式。

不過，點頭的頻率不可太過頻繁。如果連續點頭超過3次，可能會讓對方覺得「他不是把這件事看得很認真」「他只是為了維持禮貌而點頭」。

從頭部動作可看出對方的心理狀態

對話時，只要看看對方的頭部動作，就可以知道他的心裡在想什麼。接著一起看看幾個例子。

①對談話內容有興趣

沒有低下頭來，把上半身往前探出。

②覺得談話內容很無聊

把頭歪一邊，或者單手托腮。

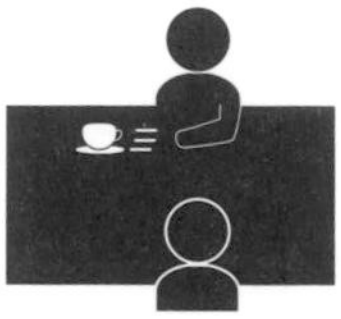

③對對方有興趣

靠近對方想把他看得更清楚，並移動放在桌上的菸灰缸和杯子。

④想要反駁對方

抬起下巴，以高高在上的眼光俯視對方，下意識地想要威嚇對方。

點頭的動作會表現內心的想法

點頭雖然是帶有肯定意味的動作，但還是可以從頻率掌握心理狀態的差異。請各位從不同的點頭方式來解讀對方的心理吧！

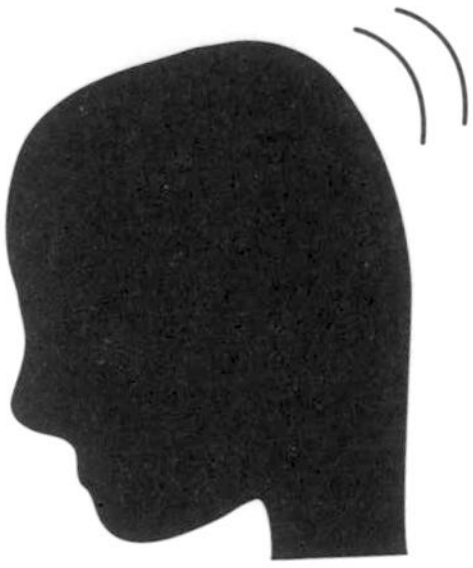

如果看到對方點頭，自己內心就會更篤定、也更願意開口，但仍需要注意。有些點頭方式所意味的心理狀態可能會讓人出乎意料。

無視於談話的走向，自顧自地點頭

如果講到的內容不適合附和也照樣點頭，表示他其實不同意對方講的話，心生抗拒之意。

連續點頭3次

雖然感覺像是非常肯定對方的話，其實很有可能是出於客套的違心之舉。

探出身體點頭

表示對說話者懷有好感，也對談話內容感興趣。

從腳部的動作可以看透人的內心

焦慮的情緒會感染給其他人，尤其是抖腳的動作，需要特別注意

以行動學的觀點而言，據說在各種表露內心真實想法的動作當中，可信度最高的是**自律神經訊號**。

包括緊張時冒冷汗、看到檸檬就會分泌口水，這些都屬於自己無法控制的反應，想隱藏也隱藏不了。**可信度最低的是語言，其次是表情**。據說動作的可信度比表情更高。

腳也容易洩漏人的內心想法。和手一樣，雙腳緊閉的時候也代表內心處於封閉狀態。相反地，處於放鬆狀態時，腳也會自然張開。

把右腳翹在左腳上的人，個性較為低調；把左腳翹在右腳上的人，個性則較為積極，做事傾向按照自我步調。一下子右腳翹左腳，一下子又換成左腳翹右腳的人，表示他現在沒事可做，覺得很無聊。

抖腳的動作大多出現於焦慮、不安、緊張的時候。值得注意的是，抖腳的動作也會讓看到的人跟著煩躁不安。如果發現自己正在抖腳，請提醒自己做個深呼吸，或者站起來活動一下，讓心情得以轉換。

如果看到對方抖腳，你不妨主動問他：「請問你有什麼意見嗎」讓他說出他內心的想法。

隱藏在雙腳的眞實想法

即使想隱藏，但雙腳卻時常洩漏一個人的真實想法。只要注意人的腳部動作，就可以看透他的心。

①雙腳併攏

表示不希望對方靠近自己。相反地，如果雙腳張開，就是對對方懷有好感的證明（以男性而言）。

②兩腿同時傾向一邊

這是女性常見的坐姿之一。會這麼坐的女性大多很有自信，自尊心也高。有可能也喜歡接受別人奉承。

③把右腳翹在左腳之上

表示個性稍微內向，行事低調。反之，如果把左腳翹在右腳上，極有可能屬於積極、開放的性格。

④把腳往前伸

表示談話的內容讓他覺得無聊，或是不感興趣。如果把腳朝向門的方向，表示他希望早點結束談話，一走了之。

抖腳是內心不滿的表現

抖腿稱不上是得體的行為舉止，如果發現對方在講話時做出這個動作就需要多加注意了。

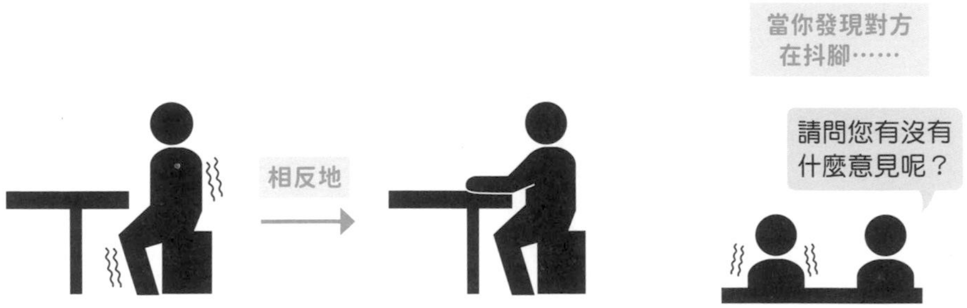
當你發現對方在抖腳……
相反地
請問您有沒有什麼意見呢？

就心理學的觀點而言，抖腳是一種壓抑行動，屬於身體因為心理壓力和挫折造成的不自覺反應。

如果對方的雙臂向左右微張，手掌也打開，保持輕鬆自在的坐姿，表示他處於放鬆狀態。

抖腳是對方很在意某件事或感到不滿的證據，所以與他接觸時要多花點心思。你不妨直接詢問對方：「請問您有什麼意見嗎？」找出問題的所在。

不要錯過心神不寧時的小動作

線索就藏在連本人也沒有發覺、未經思索的行動之中

肢體語言是人與人之間相當實用的溝通工具。擺出撲克臉的目的是為了不讓對方從表面窺視自己的內心活動，但是透過肢體語言還是可略窺端倪。

舉例而言，人觸摸自己身體的行動就值得注意。這個行動象徵著坐立難安、內心慌亂。當人感到不安或緊張時，就會想找個人陪在身邊，進行肢體接觸，這種現象稱為**「親密需求」**。

為了滿足這個需求，人才會觸摸自己的身體，打算藉由**「自我親密行為」**達成目的。摸頭髮、搔頭、搓手、雙手交叉抱在胸前都屬於自我親密行為。另外，把玩鈕扣或轉筆，都是內心慌亂不安時會出現的表現。至於揉眼睛和搓鼻子、摸嘴巴，據說則象徵做了虧心事。

原因在於，**無法透過表情解讀的情緒，據說會表露在遮住部分臉部的動作。誇張的手勢與身體動作，被視為隱含著想要讓自己看起來比實際更有份量的企圖**。

探出身體的動作具有兩種含意。一種是對於對方或他說的話感興趣，第二種是想要威嚇對方。**同一個動作卻含有兩種截然不同的意思，所以必須同時配合動作、表情、聲調等一起判斷**。

表示內心慌亂的小動作

當內心慌亂不安時，人會觸碰自己的身體。當正在和自己談話的對象不經意地觸摸自己身體時，表示他正處於心神不寧的狀態。

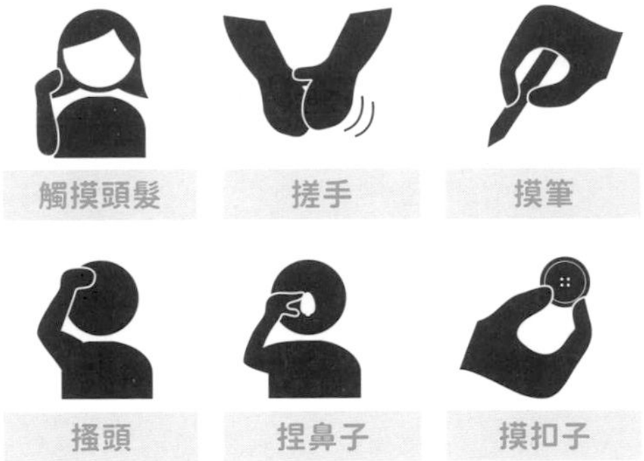

人感到不安或緊張時，會採取自我親密行為。希望藉由觸摸自己的身體，消除不安和緊張。

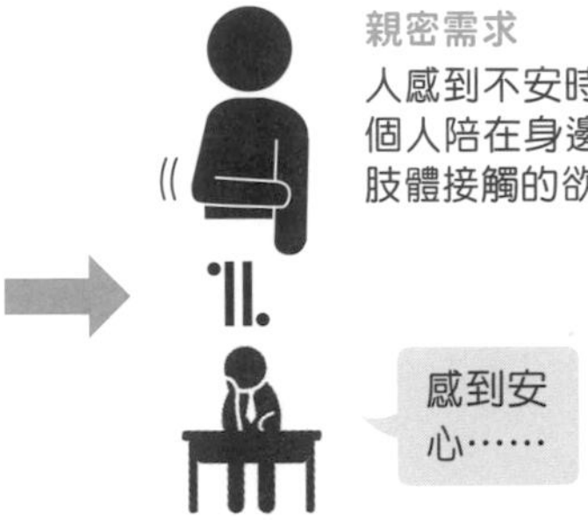

親密需求

人感到不安時會想找個人陪在身邊，進行肢體接觸的欲求。

人感到不安和緊張時，會想與別人進行肢體接觸，以滿足親密需求。自我親密行為，就是用於滿足這個欲求的替代行為。

表露於行動的心理

行動和肢體語言隱藏著對方的心理。只要從一些細微動作就能察覺隱藏於對方內心的思緒，請各位可不要看漏了。

身體往前傾

正在和自己交談的對象如果把身體往前傾，乍看之下像是對你所言感興趣，但也有可能不是。

表示肯定

- 肩膀顯得很放鬆
- 身體對著你，正眼看你
- 保持兩臂稍微打開的坐姿
- 膝蓋面向自己的方向

表示否定

- 肩膀顯得很用力，上半身看起來僵硬
- 雙臂交叉抱在胸前，或是雙手交叉
- 身體斜對著自己
- 膝蓋和指尖的方向沒有朝著自己

表現出誇張的手勢和肢體語言

這是希望讓自己看起來更有份量的心理。很可能平常就是自我表現欲強烈，喜歡引人注目的類型。

把隨身物品放在兩人之間

兩人相鄰而坐時，如果其中一方把隨身物品放在兩人之間，代表他希望與你保持距離，不要靠得太近。

COLUMN

心理測驗③（第96頁）
「試著拿本雜誌走幾圈」

這個心理測驗的重點在於一本雜誌被你拿在手上，等你漫不經心地走了5分鐘後會變成什麼樣子。從你拿著雜誌的方式，可以知道你和其他人之間的關係。如果你想知道某個人真實的心理狀態，不妨利用這個心理測驗試試看。

A 自我防禦型

把雜誌抱在胸前，是為了保護身體的表現。如果在路上看到有人用這種方式拿著書或筆記本，表示他的防禦心較強。

B 自我意識過剩型

把雜誌捲成一團或摺起來一手拿著的人，充滿活力、個性開放。喜歡裝模作樣，也有在意他人想法的一面，應該是很容易打開話匣子的類型。

C 強勢爽快型

把雜誌夾在腋下是常見於男性的行為。換言之，這個動作等於是「男性化」的強化動作。如果是女性，應該是個性爽快，和男性交談時也能滔滔不絕的類型吧。

D 好奇心旺盛型

好奇心強，求知欲旺盛的人。傾向依照自我步調行事。因為好奇心強烈，會有不知天高地厚的一面，可能基於一時衝動就付諸行動。

PART 6

大幅提升自我評價的心理學技巧

主動示弱以營造好印象

讓對方看到你卸下武裝的樣子，讓他知道「我很信賴你」

只要是人，難免都有「希望別人能看到我好的一面」「希望能在大家面前展現自我優點」的時候。

因此，如果對方在你面前展現最真實的自我，你就會覺得「他把我當作自己人」。另外，**如果對方主動在自己面前示弱，你也會覺得「他很信賴我」，對他產生好感或親近感**。

告訴對方自己並不是對每個人都能傾訴的事稱為**「自我揭露」**。聽到你自我揭露的對象，也容易對你進行同等程度的自我揭露，這就是所謂的**「互惠式自我揭露」**。這樣的互動如果一再持續，就能縮短人與對方之間的距離，加深彼此的關係。

另外，透過主動告訴對方：「其實我幾乎沒有告訴過別人……」「我一直把這件事當作祕密，其實我……」等「共享祕密」的方法，也一樣有加深彼此關係的效果。

但是要注意的是，**不論是自我揭露還是共享祕密，時機的選擇都很重要**。對方若和你並無深交，但你卻向他托出自己的重大祕密，有可能會讓他產生心理負擔。因為他會覺得自己也得「禮尚往來」，說出自己不為人知的事。

一方面也是避免對方口風不牢，一不小心就把自己的祕密洩漏出去。總之，提醒各位在自我揭露之前，先考慮對方與自己的交情，而且也不要一次傾訴而出。

向對方吐露自己的弱點有什麼好處

如果希望對方對你留下好印象，不妨運用一項心理學技巧，也就是向對方吐露自己的缺點。原本的弱點在溝通中能夠化為優勢。

其實我啊，因為有低血壓的毛病，早上都爬不起來……

自我揭露

向對方吐露自己不為人知的事，例如私底下的性格和興趣、缺點和棘手的事都可以。

其實我早上也爬不起來，要我早起實在很痛苦……

互惠式自我揭露

聽到對方向自己進行自我揭露的人，會產生自己也必須回應的想法，做出同等程度的自我揭露。

內人其實在去年過世了……

但是……

向沒有深交的人吐露隱私，可能會徒增對方困擾。私密的話題最好還是等到與對方變得更親近再說。

藉由共享祕密拉近兩人的距離

向在意的對象說出自己的祕密，是能夠讓彼此變得親近的心理學技巧之一。當然也很適合運用在戀愛方面。

其實，
我搞砸了一件事
這樣啊

在說到重點之前，先告訴自己在意的對象：「這件事我只在你面前說得出口……」。

他很信賴我呢！

共享祕密

對方聽到你吐露祕密之後，心裡會產生「他很信賴我」的感覺，兩人之間的距離也一口氣就拉近了。

工作進行得還順利嗎？

對方會關心主動向自己吐露祕密的人，甚至開始在乎他，也有對他產生好感的可能。

外表的第一印象果然還是很重要

謹記麥拉賓法則，想辦法在初次見面時讓對方留下好印象

當我們面對第一次見面的人，為了判斷他是什麼樣的人，唯一的參考資料就是「外表」。雖然與對方談話後，可以判斷的資訊會愈來愈多，但是要顛覆第一印象的難度很高。

其實，只要短短5秒就會產生第一印象。根據社會心理學家阿希的實驗，第一印象的建立大約在初次見面的5秒鐘，這就是所謂的**「初始效應（Primacy effect）」**。

另外，**根據美國的心理學家麥拉賓的研究，據說第一印象的形成有55%取決於表情、態度、服裝等視覺資訊**，而且只要5秒鐘，有關對方的第一印象就會成形。

換句話說，在初次見面時，只要按照「我希望對方眼中的我是這個樣子」來打理外表，對方對你的印象就是你希望自己留在對方心目中的形象。

因此，在初次見面之前，我們應該好好打理自己的儀容。如果還是未能在初次見面時讓對方對你留下好印象，那就靠著**「新近效應（Recency effect）」「月暈效應（Halo effect）」**挽回吧。月暈效應的「月暈」指的是「光環」，意思是透過新資訊的加入，完全改變對一個人的第一印象。

第一次見面留下的印象最為強烈，所以要挽回形象並不容易，但如果成功辦到，後來形成的印象將會比對方對你的第一印象更深刻。

好感度靠第一印象決定

在公私場合中與希望變得親近的對象之間的距離，首先都是靠第一印象決定。第一印象可說是決定彼此間關係的重要因素。

A
B
第2次見面
A
B
之後
A
B

A和B兩位男性初次見面時，因髮型等因素，讓人對A先生貼上了儀容整齊、但B先生是不修邊幅的標籤。

A和B換上了同樣的髮型，但第一印象的影響力仍在，所以還是覺得A先生的儀容比較整齊。

被貼上不修邊幅標籤的B先生，未能將標籤撕下。被賦予這種形象的B先生，果真也開始表現得不修邊幅。

貼標

遇到初次見面的人時，潛意識為對方貼上「他就是這種人」的標籤。

初始效應

最初形成的印象會決定某個人的整體形象的心理現象。

一開始留下的負面印象並不是無法扭轉

雖然要顛覆負面的第一印象難度很高，但還是有機會扳回一城。建議好好利用新近效應和月暈效應。

真是個討厭的人……
嗯，你是個好人！
初次見面
第二次

對這個人的印象不是很好……
家世
學歷
財力
證照
地位
初次見面
第二次

新近效應

如果第一印象異於之後的印象，後者較容易被記住的心理現象。愈是習慣將事物簡單化的人，愈容易出現這樣的傾向。

月暈效應

月暈效應又稱暈輪效應。是一種得到新資訊後，對當事者的第一印象完全改觀的心理現象。

確認自己有無讓人不悅的口頭禪

請努力改掉負面思考時出現的口頭禪

很多人都不知道自己常說的口頭禪是什麼，但聽者卻會留下深刻的印象。尤其是聽起來愈覺得刺耳的口頭禪，愈是不容易遺忘。

一般常聽到的負面口頭禪可歸類成**「D語言」**。包括**「可是」「畢竟」「反正」**（上述三者的日文羅馬拼音都是D開頭）。接在D語言後面的通常是帶有否定、藉口、放棄等意味的句子，所以聽了讓人沒有好感。

請各位自我檢視一番：上述的D語言是不是也經常脫口而出呢？

舉例而言，當別人指責自己：「這份文件你做錯了」你是不是會馬上反駁「怎麼可能，我可是按照你的指示做的啊」接著對方說：「重新做一次」你又說「可是我沒有時間」。

遇到自己出錯而受到指責時，為了儘快解決問題，我們應該避免使用D語言，而是表現出積極的態度，向對方表示：「真的非常抱歉！哪個部分是我該重做的呢？」「雖然我手邊有急件，但還是優先處理你的問題吧？」「我沒辦法現在立刻處理，請問最晚能夠寬限到什麼時候？」等。

另外，**「姑且」「還算是」等詞彙，聽起來也有幾分缺乏自信、不負責任。而且還帶有自我防衛的意味。**相反地，輕易脫口說出「絕對～我保證」，而且連講好幾次的話，容易給人不負責任的印象。

改掉讓對方不悅的口頭禪吧

從口頭禪可看出一個人的性格。負面的口頭禪如果一直不改，等於姑息自己的缺點，最好不斷提醒自己趕快改掉。

算是做完了
姑且完成了
我做完了！
絕對沒問題！
我會好好的處理

受到對方的委託時，如果用「算是做完了」「姑且完成了」回覆對方，會讓他對你留下缺乏自信、不負責任的印象。

為了避免讓對方感到不安，一句直接了當的「我做完了！」可以消除他心中的疑慮。

充滿自信，一連說了好幾次「絕對」的人，或許是為了引起對方的注意而誇下海口，有打腫臉充胖子的可能。

抱著要是出問題就再找藉口蒙混過關的想法，終究會失去對方的信賴。

對話時不要使用D語言

D語言是一種帶來否定意味的前置詞，聽了會讓人不悅。對話時最好儘量不要使用，以免阻礙人際關係。

D語言
「可是」「畢竟」
「反正」「但是」

這些前置詞的日文羅馬拚音都是D開頭，所以統稱為D語言。D語言後面接著一定是否定意味的句子，聽起來像是在替自己找藉口。

使用D語言的場合
可是，今天做了簡報，實在很累……
今天以內要把這些事情做完
不使用D語言
我今天身體不舒服，這些工作是不是可以等到明天早上再做呢？
真拿你沒辦法，好吧！

動不動就說「可是」的人，只會抱怨，而不是直接了當地拒絕，常常讓對方感到不悅。

不要使用D語言，而是講出正當的理由，並提出具體的解決方案，以免讓對方感到不悅。

最妥當的會議座位安排

與會者的職責與會議進行方向取決於座位的安排

說到會議的座位安排，雖然沒有明文規定，但幾乎都是依照從屬關係或分工關係而決定。換個角度來說，**從座位的選擇，也能夠讓對方對你的立場和角色有個概略的了解。**

請各位看看下頁的座位表。如果你是會議主持人，你會坐在哪個位置呢？答案是A或E。只要坐在正中央，人的氣場自然看起來比較強大，帶有威嚴。

總而言之，**只要領袖坐鎮在能夠把所有人盡收眼底的位置，將有助會議的順利進行。**換句話說，如果你想展現自己的領導能力，最好盡可能選擇能把每個人看得清楚的位置。

特地選擇坐在某個人對面之人，大多是有意對抗對方。另外，在會議中負責主導大局的人，如果統領能力太弱，無法確保會議流暢進行，互相面對面坐著的與會者就會開始竊竊私語；如果會議按部就班進行，則是坐在隔壁的人會講悄悄話。

上述的現象以提出這個理論的美國心理學家為名，稱為**「史汀格效應」**。順帶一提，他也提出了當有人在會議中提出意見後，一定會出現反對意見的現象。掌握這些定律之後，想必你就能做好更充分的心理準備，好整以暇地參加會議吧。

適當的座位安排是會議成功的第一步

事實上，座位的安排決定一個人在會議中扮演的角色。為了有助會議順利進行，每個與會者都需要合適的座位。

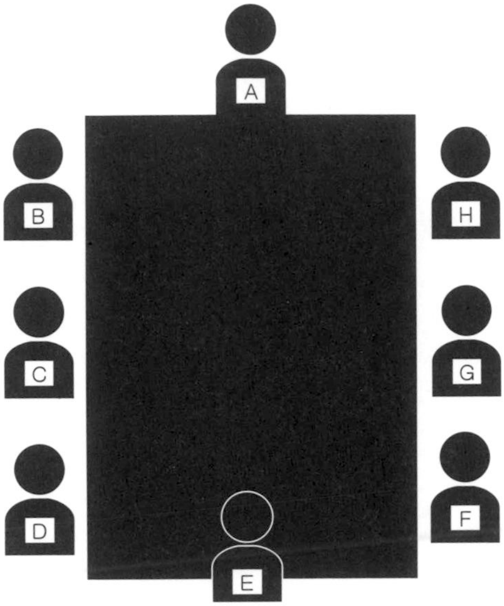

重點1

負責主導會議進行的主持人，最適合的位置是能看清楚在座每一位的A或E。選擇適當的位置可確保會議順利進行。

重點2

主要職責為與每一位與會者保持良好互動的輔佐者，最好坐在G或C的位置。

重點3

對參加會議興趣缺缺，無心參與的人最好坐在B、D、H、F這4個角落。

重點4

如果希望營造讓與會者都能盡情表達意見的環境，最好選擇圓桌而不是方桌。

史汀格效應

美國的心理學家史汀格針對小團體的生態進行研究之後所發現的結果。是下列3種現象的總稱，稱為史汀格的三原則。

之一

曾經與自己發生爭辯的對象如果也參加同一場會議，兩人傾向坐在彼此的正對面。

之二

一個人的發言結束後，下一個發言的人提出的大多是反對上一個人的意見。

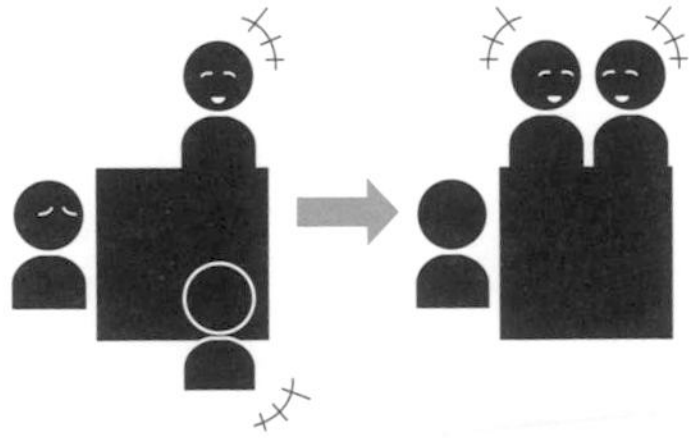

之三

如果主持人的統領能力太弱，彼此坐在正對面的人就會開始竊竊私語；如統領能力強，則是彼此坐在隔壁的人會講悄悄話。

什麼樣的說服招數會讓對方說Yes？

說服技巧百百種，必須依照對方的狀況使用

不論在工作抑或私人生活方面，希望聽到對方說Yes的場合應該不少。為了達到這個目的，你必須先讓對方知道，自己的提議對他是如何有利。

這時，只挑優點來說的作法稱為**「單面陳述」**。如果你的提議對他完全有益無害，當然有比較多勝算聽到他說Yes。這種方式最適合用於某些很難自己下決定的人，效果特別好。

但要注意的是，如果事後讓他發現原來你的提議也有缺點，他可能會有受騙的感覺。

優缺點都提，讓對方自己選擇的做法稱為**「雙面俱陳」**。當然，說明時會特別強調優點，提到缺點就輕描淡寫、簡單帶過。但即使如此，最後掌控權還是在對方手中，所以事後他比較不會感到惱火。雙面俱陳的另一優點是讓對方覺得你的立場較公平客觀，值得信賴。

要說服可能會否定自己意見的對象時，採用**「反高潮敘事法」**的效果較好，也就是先說結論再說內容。

另外也可以善用**「登門檻效應」**。簡單來說，就是一開始提出簡單的要求，讓對方先說Yes，再逐漸加重要求的份量。當然也可以逆向操作，運用**「以退為進法」**，首先提出困難的要求讓對方說不，接著放寬要求，最終獲得對方同意。總之，利用心理學的說服技巧多如牛毛，應視場合加以運用。

2種說服技巧

在成功說動別人為止的過程和努力稱為說服式溝通，內含好幾種不同的技巧。

雙面俱陳

把優點和缺點都告訴對方的推銷手法稱為雙面俱陳，據說在短時間內效果優於單面陳述。

單面陳述

只說明優點的推銷手法。適合用於當對方已有購買意願，或是因選擇太多而難以做決定時。

回彈效應(Boomerang effect)

愈是努力說服，對方產生的反感卻是愈嚴重，造成適得其反的心理效果。但如果以單面陳述進行推銷，對方也有突然變卦的可能。

其他也很實用的說服技巧

如果不希望煮熟的鴨子飛了，我們必須掌握一些合適的說服技巧。首先要做的是判別對方的心理狀態，再向他施展你所學會的技巧。

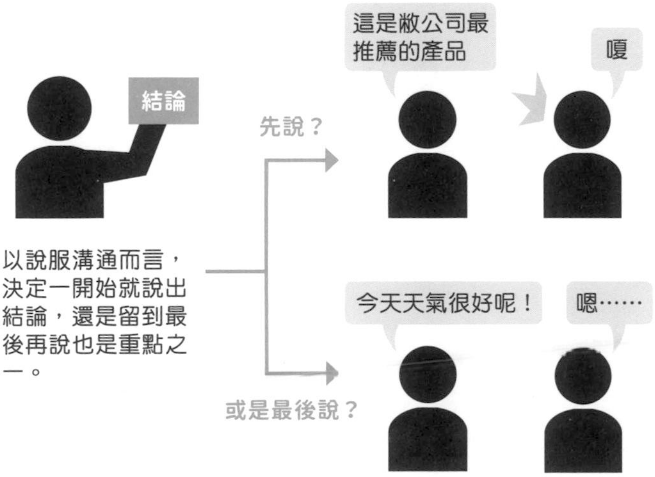

以說服溝通而言，決定一開始就說出結論，還是留到最後再說也是重點之一。

反高潮敘事法

一開始先說重點（結論），再說些無傷大雅的內容的手法。適合用於聽者十分不感興趣時。

高潮敘事法

一開始先說無關緊要的內容，把重點（結論）留待最後再說的方法。適合用於聽者很感興趣的時候。

也有不會引起對方反感的拒絕方法

讓對方接受的同時，也不放棄自己的要求

和說服一樣，拒絕別人的請託也是許多人幾乎每天都要面臨的難題。因為不知如何拒絕，最後只好接下任務的情況固然不在少數，想必也有些情況是因為希望對方覺得自己很善良、樂於助人，才會難以開口說No。

一般而言，溝通可分為3種類型。第一種是單方主張自己意見的「**攻擊式**」溝通。如果受人委託，會直接拒絕對方：「我辦不到！」

和攻擊式溝通呈對比的是不主張自我意見的「**被動式**」溝通。即使心裡不樂意或非能力所及，這類型的人也無法拒絕對方，選擇默默承受。

採取攻擊式溝通會面臨與對方關係惡化的風險，但選擇被動式溝通的人，累積的壓力只會有增無減。第三種溝通方式介於兩者之間，既重視自己的主張，也會努力尋求對方的認同，稱為「**自我肯定式**」溝通。

無法接受對方的要求時，首先要誠心向對方道歉，接著以客觀的態度說明你拒絕的理由，最後向對方提出替代方案。

只要能夠依照上述方法按部就班地進行，**對方即使遭到拒絕也會坦然接受。重要的是，有了替代方案，也會讓他覺得雖然不是最滿意的結果，但自己的要求確實在某種程度上被接受了。**只要讓對方覺得自己受到尊重，而你的意見也被接納，就是雙贏了。

只要懂得運用心理學技巧，就能不傷和氣地拒絕對方

受人委託時，有3種應對的溝通方式。以下為大家介紹不會招致對方討厭，又能順利拒絕的方法。

我沒辦法！
真是個任性的傢伙！

攻擊式溝通

當別人有事拜託自己時，從頭到尾都堅持自己沒辦法。態度強硬的策略或許終會奏效，但對方可能會對你懷恨在心。

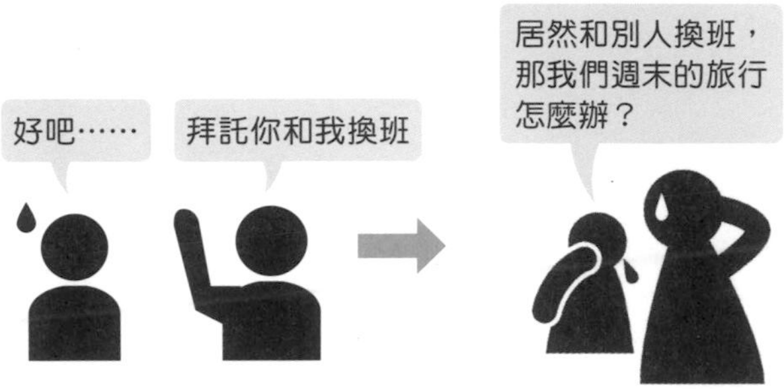
好吧……
拜託你和我換班
居然和別人換班，那我們週末的旅行怎麼辦？

被動式溝通

完全不提出自己的主張，對對方的要求照單全收。即使被強人所難也不拒絕，所有委屈只能自己吞。

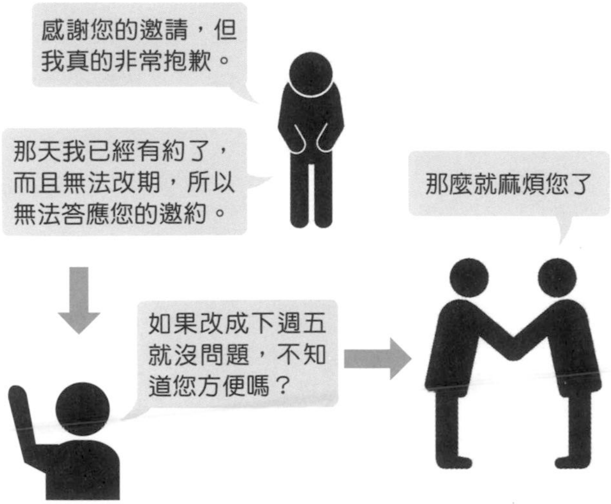
感謝您的邀請，但我真的非常抱歉。
那天我已經有約了，而且無法改期，所以無法答應您的邀約。
如果改成下週五就沒問題，不知道您方便嗎？
那麼就麻煩您了

自我肯定式溝通

一方面顧慮對方的感受，但也提出自己的主張。以委婉的口氣拒絕對方，並誠心道歉，說明自己不得不拒絕的理由，最後也提出替代方案。運用這種溝通技巧的特徵是即使拒絕了對方的委託仍無損雙方的關係。

每次提案要附帶一頓美食

透過快樂共享，對對方的好感度也不斷提升

有人找你幫忙或有事找你商量時，如果剛好自己狀況不佳，應該也沒有餘力替別人操心。僅限於自己行有餘力時，才能專心當個傾聽者，聽別人大吐苦水。

一般來說，當自己心情愉快，甚至有餘裕主動關心對方時，當然也很願意幫忙分憂解勞。

一頓美食會為人帶來充足的幸福感與滿足感，有了好心情，對方也比較容易接受你的提案，這點已經透過心理實驗證明，稱為**「午餐技巧」**。

進行相關實驗的是美國心理學家拉茲蘭。他安排了一群受試者一邊吃飯，一邊聽他解說自己的意見，然後比較受試者在用餐前後對他的印象。結果發現受試者在用餐後，對拉茲蘭的好感度比用餐前更高。此外，據說若受試者在用餐時聞到臭味，對拉茲蘭的談話內容會產生反感。

如果想提高自己在別人心目中的好感度，或是希望自己的意見和要求被接納，那麼在和樂的氣氛下，共享對方喜歡的食物是很有效的方法。其實一起用餐的心理學技巧在日常生活中相當常見，例如許多人第一次約會都是選在餐廳，還有在飯局上洽公談生意等。

飯局會成爲提案的助力

飯局是最適合提案的場合，請利用這個場合提出大案子吧。

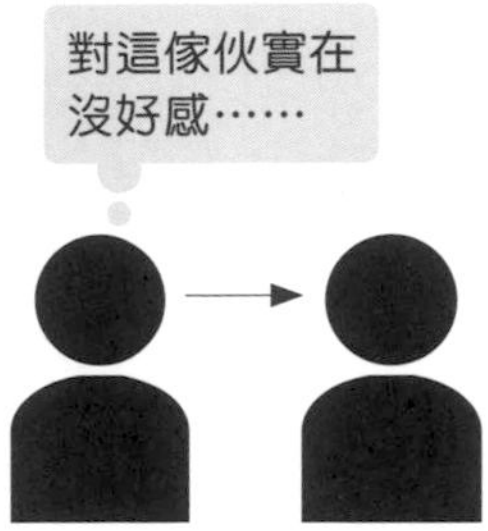
對這傢伙實在
沒好感……

該怎麼做才能讓對自己沒有好感的人留下好印象呢？

這個人好像人
還不錯……

午餐技巧

共享一頓美食之後，和用餐前相比，對對方的好感會提升。

不論是這頓飯還是這
個人都讓我討厭……

如果置身在飄著臭味的空間用餐，對對方的好感度會大打折扣。另外，如果和對方一起吃的是他討厭的東西，對你的好感度也會下降。

運用鏡射效應也能提升對方對你的好感度

如果有機會和對方單獨用餐，請務必利用此時向對方展現你的魅力。利用模仿對方動作的鏡射等心理學技巧，可以讓他對你留下更好的印象。

這道湯很
好喝呢！
嗯，是真的
很好喝耶～

用餐時以不著痕跡的方式模仿對方，受到模仿的一方會覺得很開心。

乾杯
乾杯

不經意地模仿對方的動作，例如對方拿起杯子時，你也跟著拿起杯子。藉由一再地模仿，逐漸引起對方的興趣。

傍晚以後的時段更好！

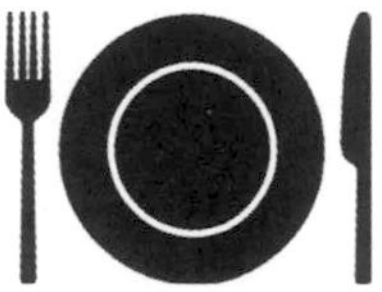

過了傍晚是人容易意亂情迷的時段。在這個時候和對方共進晚餐，可以讓兩人變得更加親密。建議挑選一間燈光美氣氛佳的餐廳。

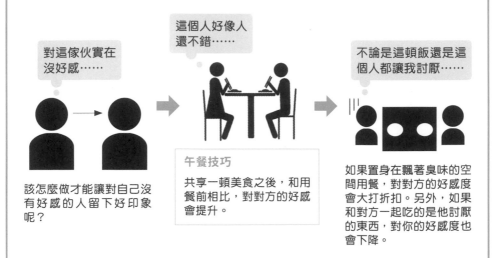

盡情投入角色扮演，化身為理想中的自己

利用煥然一新的形象來轉換心情吧

請問各位看到警察時，是不是就自動變得安分守規矩呢？不過，即使看到的是同一個人，但身上卻穿著便服的話，大概就不會有什麼特殊感覺了。如同上述，制服造成的效果之大，恐怕超乎我們的想像。

舉例而言，如果一個人穿得很年輕，動作姿態自然也會年輕起來；如果穿得很休閒，行動也會顯得輕鬆隨意。如果改穿筆挺的西裝，整個人就自動進入工作模式。請各位想想自己是否有過類似的經驗呢？

「史丹福監獄實驗」是著名的心理學實驗，研究小組把受試者分為獄卒和囚犯兩組，讓他們分別換上制服和囚服。

結果扮成獄卒的受試者對扮演囚犯的受試者的壓迫逐漸變本加厲，甚至會毆打對方。因為受試者的性格變化過於明顯，而且變得具有威脅性，可能釀成悲劇，因此原本為期2週的實驗只進行6天就中止了。此現象在心理學上稱為**「制服效應」**。簡單來說，制服是一種個人形象的傳遞工具，而穿上制服的人也會配合制服所代表的身分，表現出應有的言行舉止。

如果對某種特定形象感到憧憬，一直想著：「好想以這種形象示人」，那就大膽嘗試吧！**即使身邊的人都潑你冷水，也不要就此打消念頭。**只要你願意跨出第一步，相信一定會慢慢達到理想中的形象。

利用服裝打造理想中的自己

服裝對穿上它的人的心理影響很大。若想成為理想中的自己，或許最快的捷徑就是從服裝下手。

我是警察

制服效應

穿上職業制服就能打造出從事該職業的專業形象。穿上制服的人，其用字遣詞和行為舉止也會配合制服所代表的職業，進入盡可能接近該職業的心理狀態。

自我認同

藉由模仿尊敬或憧憬的對象的服裝和髮型等，以滿足欲求的心理。也有藉由和大家做一樣的事，以免自己受到排擠的自我防衛之意。

你買了新套裝啦？
請允許我跟風，和你買了一樣的款式

如果身邊就有萬人迷主管之類的人物，請先模仿他私底下的穿著品味。學著學著，你就會變得和他愈來愈像。

利用角色扮演展現自己的各個面向

想要達成理想中的自己，角色扮演可能是最快的捷徑，但是太過堅持理想，可能會使自己的發展受到限制。建議各位不如用逆向操作的方式利用制服效應，把它當作點綴生活的樂趣就好。

看到希望自己永保青春，硬是打扮得很年輕的老年人，總讓人不忍卒睹。雖然本人自認只要打扮年輕，就等於是找回青春，卻讓人感覺到與現實出現落差。

無法接受老化是自然的生理過程，因而踏上整形不歸路的人，有些最後得了精神官能症。不論什麼事都一樣，只要過頭都會出問題。

讓心情豁然開朗

角色扮演是讓自己尋求改變的好方法，如果僅作為調劑身心之用是很方便。建議各位不妨偶爾嘗試，讓身心煥然一新。

國家圖書館出版品預行編目（CIP）資料

看穿人心的心理學：透過心理實驗了解自己與別人！從日常生活、商務社交乃至戀愛都派得上用場！／澀谷昌三監修；藍嘉楹譯.
-- 初版. -- 臺中市：晨星出版有限公司，2023.03
面；　公分 . --（知的！；206）

譯自：眠れなくなるほど面白い 図解 心理学の話

ISBN 978-626-320-373-0（平裝）

1.CST: 讀心術 2.CST: 應用心理學

177　　112000346

知的！206

看穿人心的心理學

透過心理實驗了解自己與別人！從日常生活、商務社交乃至戀愛都派得上用場！

眠れなくなるほど面白い 図解 心理学の話

填回函，送 Ecoupon

監修者	澀谷昌三
內文插畫	シルエットAC
內文圖版	森田千秋（Q.design）
譯者	藍嘉楹
編輯	吳雨書
封面設計	ivy_design
美術設計	黃偵瑜
創辦人	陳銘民
發行所	晨星出版有限公司 407台中市西屯區工業30路1號1樓 TEL:（04）23595820 FAX:（04）23550581 E-mail:service@morningstar.com.tw http://www.morningstar.com.tw 行政院新聞局局版台業字第2500號
法律顧問	陳思成律師
初版	西元2023年03月15日 初版1刷
讀者服務專線	TEL:（02）23672044 /（04）23595819#212
讀者傳真專線	FAX:（02）23635741 /（04）23595493
讀者專用信箱	service@morningstar.com.tw
網路書店	http://www.morningstar.com.tw
郵政劃撥	15060393（知己圖書股份有限公司）
印刷	上好印刷股份有限公司

定價350元

（缺頁或破損的書，請寄回更換）

ISBN 978-626-320-373-0
NEMURENAKUNARUHODO OMOSHIROI ZUKAI SHINRIGAKU NO HANASHI
Supervised by Shozo Shibuya